飛行艇時代
ミニチュアワークス
THE GOLDEN AGE OF THE FLYING BOAT MINIATURE WORKS

大日本絵画

Contents

飛行艇時代
ミニチュアワークス
THE GOLDEN AGE OF THE FLYING BOAT MINIATURE WORKS

04
まえがき

05
Prologue

08
How to build SAVOIA S.21

11
サボイア S.21
 アドリア海の隠し砦 ……………12
 ほろ苦いポルコの挫折 …………20
 Extra contents 1 マッキ M.33 …………27
 「再生」の瞬間 ……………28
 Extra contents 2 ジーナの飛行艇 …………36

37
カーチス R3C-0 非公然水上戦闘機

45
空賊マンマユート団 "ダボハゼ号"
 Extra contents 3 ドルニエ DOX …………54

55
シュナイダー・トロフィー・レースの機体たち
 "飛行艇時代"を語る上で外せないシュナイダー・トロフィー・レースとは …………56
 マッキ M.52R …………58
 マッキ MC.72 …………64

65
第一次世界大戦時の飛行艇たち
 第一次世界大戦時の飛行艇とは …………66
 マッキ M.5 …………68
 Extra contents 4 サハラに舞う、もうひとつの紅の翼 …………72
 Extra contents 5 映画『紅の豚』幻のシーンに登場するサボイア S.21の最終形 …………74
 Extra contents 6 "ポルコ・ロッソ最後の出撃"とその顛末 …………78

Preface

まえがき
Preface

　1990年、模型誌『月刊モデルグラフィックス』にひとつのコミックが掲載された。『宮崎駿の雑想ノート』という連載の一篇として発表されたこの作品は、大戦間のアドリア海を舞台に自らを魔法で豚に変えた賞金稼ぎの戦闘飛行艇乗りポルコ・ロッソの冒険を描き、全3話が"連載"されることとなった。このコミックを元に長編アニメーション作品として1992年に公開されたのが『紅の豚』である。この作品は当時の日本国内において劇場用アニメーション作品の興業記録を塗り替えるほどの大ヒット作となった。

　と、このようなバックボーンを備えた『飛行艇時代』および『紅の豚』だが、その大きな魅力が作中に登場する各種の水上機／飛行艇である。これらの機体たちは一般的な観客だけではなく、模型という形で飛行機へと関わる人々の関心も強く惹いたのだ。本書は、そのような「立体物や模型によって『飛行艇時代』／『紅の豚』の世界を楽しむ」ことを目的とした一冊である。収録されているのはいずれ劣らぬ力作ばかり。模型に馴染みがある読者はもちろんのこと、初めて「立体で再現された『飛行艇時代』／『紅の豚』」に触れる方にこそ、この本を楽しんでほしい。

❶『宮崎 駿の雑想ノート』の一篇として発表された『飛行艇時代』の1ページ。主役であるポルコ（第1話ではマルコ・パゴット）やその操縦する機体であるサボイアS.21など主要な要素はすでに完成していることがわかる。また、離水する飛行艇の動きや水夫たちが矢印を作ってマンマユート団が逃げた方向を示すシーンなど、映画『紅の豚』での名シーンの原型がすでに存在している。**❷**原作コミックが収録されている『飛行艇時代［増補改訂版］』（1800円＋税、小社刊）。コミックの他、当時のイタリアのレーサー機やアドリア海での空戦についても解説した一冊だ

Prologue

国民的アニメーション映画『紅の豚』には原作が存在した
宮崎 駿の夢と妄想が詰まった『雑想ノート』の世界
それが飛行艇時代だった

1992年に公開された映画『紅の豚』。当初は日本航空の機内上映用の作品になる予定だったが、長編化したので劇場作品に変更された

元々模型誌の連載であり、またキットが発売されるほど立体物としての親和性が高いことから、『隔月刊 スケールアヴィエーション』2015年3月号（右）では劇中登場機体を集めた特集が組まれました。また、1992年の映画公開当時には『モデルグラフィックス』（左）でも宮崎作品の登場メカなどを集めた特集が大々的に掲載されている

　国際的にも高い評価を受けるアニメーション監督、宮崎 駿氏。その代表作のひとつが『紅の豚』である。大戦間のアドリア海を舞台に、魔法で自らを豚の姿に変えた賞金稼ぎの飛行艇乗りポルコ・ロッソと個性的なパイロットやアドリア海の人々を生き生きと描き、宮崎氏の豊富な知識に支えられた緻密な航空機描写で知られる作品だ。そして、この映画には宮崎氏の手による原作のコミックが存在していた。

　『月刊 モデルグラフィックス』に連載されていた宮崎 駿氏による『宮崎 駿の雑想ノート』。模型雑誌での不定期連載といういささか特殊な形式ながら、1984年の同誌創刊以来連綿と続いてきた、宮崎氏のライフワークと言える作品群である。扱う題材も航空機をはじめ、巨大な多砲塔戦車や軍艦から漁船を改造した特設監視艇に至るまで、完全に宮崎氏の趣味が反映され、見る者を圧倒する情報量がちりばめられていた。この連載は宮崎氏が長編映画を完成させた合間に息抜き的に掲載されており、また'90年代には特に戦車への傾倒を見せるなど、その時々の宮崎氏の心情が強く反映されたものであった。

　1990年、この連載においてひとつの不思議なコミックが掲載された。『飛行艇時代』と題されたこの一作には真紅の飛行艇を操って空賊マンマユート団と戦うポルコ・ロッソの姿が描かれたのである。当初の予定を延長して全3話が掲載されたこのコミックは映画の実質的なストーリーボードとなり、これを元にして2年後に制作されたのが『紅の豚』だったのである。この『紅の豚』は大ヒット作となったが、その裏には宮崎氏の妄想が詰まった連載作品が存在したのだ。■

宮崎 駿監修のもと立体化された
ポルコ・ロッソの愛機たち

　『飛行艇時代』と『紅の豚』に登場する様々な機体は、立体としても非常に魅力的な存在である。ゆえに、これまでにも様々なアプローチから立体化が試みられてきた。特に、主役機であるサボイアS.21は過去数回に亘って大小の立体物がリリースされている。
　その中でも製品としては最も古いのが1992年の映画公開に合わせて発売されたモデルカステン製レジンキャストキットのサボイアS.21である。原作版の形状を再現したキットとなったが、すでにこの時点で宮崎氏による数回の監修が行なわれ、その中で「サボイアS.21は主翼の幅が狭く、スマートでピーキーな機体」という特徴が形になっていった。
　また「究極のサボイアS.21」と言って差し支えないのが2002年に発売されたデスクトップモデル専門店ウイングクラブによるカットモデルである。機体内部の構造を再現したこの一作は、架空の機体に極めて強い実在感をプラスしている。この他にもウイングクラブはいくつかサボイアS.21を立体化しており、いずれも高い水準にある製品だ。
　そして決定版といえるのが1998年からプロジェクトをスタートさせたファインモールド製キットだろう。こちらも初期段階から宮崎氏による監修を受け「航空機として説得力のあるサボイア」を徹底的に追求したキットである。1/72、1/48で展開され、敵役のカーチスR3C-0も発売されたシリーズだ。いずれの立体物も宮崎氏による幾度もの監修をくぐり抜けた逸品。是非一度手にとってほしいものばかりだ。

1 サボイアS.21の立体物としては決定版と言えるのがウイングクラブの1/18スケールカッタウェイモデル。機体内部のフレームからエンジン、燃料系統などを全て再現している。**2** ファインモールドが宮崎氏の徹底的な監修を受けて商品化した1/72サボイアS.21。写真はカーチスに撃墜された後、エンジンを付け替えた後期型。**3** 同じくファインモールドからはライバルであるカーチスR3C-0非公然水上戦闘機の1/72キットも発売された。**4** 原作の『飛行艇時代』ではまたエンジンナセルの形状などが異なるため、サボイアS.21Fフォルゴーレ号「原作版・後期型」と題したキットも発売に。パッケージも『飛行艇時代』のイメージを前面に出したものとなった。**5** 1/48スケールのキットもファインモールドからは各種発売されている。サイズが大きくなったので機体の内部構造なども再現され、1/72とは異なる面白さが味わえる。**6** こちらはユタカ（現バンプレスト・ユニファイブ事業部）によって製作されたエッチング製キット。**7** 映画公開当時にはモデルカステンから1/48スケールのレジンキャストキットも発売された。**8 9** ファインモールドは塗装済みの半完成品キットも発売。組み立てるだけで劇中そのままの模型が手に入る

Prologue

このページで製作しているのがファインモールド製の1/48 サボイアS.21。先に発売された1/72キットの倍の大きさになることから、機体パーツを新たに設計しなおし、加えて1/48ならではの特徴として、1/72ではできなかった胴体内部の部分的な再現もされている。この胴体内部の構造は宮崎氏が『飛行艇時代』の3回目で描いた機体内部構造図に基づいており、胴体中央のエンジンに真下に配置された燃料タンクや機首の機関銃なども再現。今回紹介するのはカーチスに撃墜される前の機体形状を再現したキットだ

How to build SAVOIA S.21
ファインモールド 1/48 サボイアS.21を鏡面仕上げで製作する

イタリアの職人によって磨き上げられた美しい木製モノコックのボディが特徴のサボイアS.21。また、機体内部に配置された木の地肌がむきだしのフレームやコクピットとの対比も模型的な楽しさを感じさせる要素だ。ここでは、そんなサボイアを確実に完成させるための基礎的なテクニックを紹介しよう

1 ◀まず内部の組み立てから入りますが、一気にすべて組み立てると塗りづらいので写真の状態まででいったん作業を止めます。パーティングラインはナイフのカンナがけで消しますが、あまり見えないのでそのまま消さなくてもよいでしょう

7 ◀コクピット開口部の断面部分にはパーティングの段差がありますが、ここは完成後もけっこう目立ってしまう部分なので、400番の丸めた耐水性サンドペーパー（以下サンドペーパー）で整形しておくようにしましょう

2 ◀サボイアは成形色がしっかり色分けされているので、今回はコクピットをコピックで塗装。お手軽なうえやり直しができるのでオススメです。まずは下地としてGSIクレオスのMr.スーパークリアーのツヤ消しを吹きます

8 ◀ボディ内側は木の色という設定なので、サーフェイサーを塗ったあとコピックのE25で茶色にしておきます。フィギュアを乗せる場合はほとんど見えなくなるので、色を塗らないでそのままでも問題ナシでしょう

3 ◀木製フレームの部分にコピックのE25をザッと塗ります。このあと馴染ませるので、かなり乱暴に塗ってしまってOK。そのままだと塗りづらいので、両面テープで割り箸などに貼り付けると作業がしやすいでしょう

9 ◀機首の機銃孔は成型の都合上開口されていないのでドリル（1mm径くらい）で開口しましょう。まず0.5mm以下のドリルでいったんアタリ穴を開けてからにすると刃が暴れずきれいに加工することができます

4 ◀溶剤ペン（0）でなぞって馴染ませます（ペン先が汚れた溶剤ペンは、ペン先でティッシュをつつくようにして掃除しましょう）。均一にするのではなく、微妙に色のムラを作ると木っぽくなります。失敗したら塗り直してもう一度

10 ◀機体のフォルムや、きれいに流れるハイライトを楽しみたい場合は、胴体上部の別パーツ化されたパーツを先にすべて接着してから整形したほうがよいでしょう。塗装した胴体内は内側からマスキングしておきましょう

5 ◀操縦桿など金属製（と思われる）部分は、さらにBV23を塗っています。計器盤はデカールが附属しているので貼ってもよいのですが、貼らなくてもモールドを引き立てるようにエッジ部分を拭き取れば見栄えは充分

11 ◀ゲートやパーティングの処理は400番のサンドペーパーで。胴体側面下部のゲートはパーツがとても薄くなっているところにあるので慎重にヤスリましょう。なるべくパテを使わないようにするのがきれいに仕上げるコツです

6 ◀塗り終わったら、組み立てて接着。塗装をしてからなので、組み合わせたら瞬間接着剤を流し込んで接着。今回は底板とボディは接着してしまうので（理由は後述）、燃料タンクはコクピット側だけ気持ち程度に色をつけました

12 ◀ゲートなどの処理が終わったら、ヒケを軽く修整するために上側の広い面を中心に400番～600番でヤスリがけ。胴体はけっこうヒケがみられたので、一度サーフェイサーを吹いてから600番でヒケ部分を意識して整形します

◀スジ彫りはナイフの刃を立てて軽く何度もなぞるようにし深くしておきます。力を入れすぎたり刃を寝かせるとそれやすくなるので注意。とくにはじめは「彫る」というよりはなぞるだけにしましょう。はみ出たら瞬間接着剤で修整

13

◀胴体左側に付いているちいさなプロペラは燃料ポンプ動力用のもの。一体パーツで成形されていて、プロペラのひねりも再現されていますが、さすがにちょっと肉厚なので、ナイフでカンナがけしてフチを薄くしています

14

◀排気管は上下のパーティングラインを消してから、排気口を開口します。けっこう目立つところなのでオススメな工作ポイント。機銃孔と同様に、まず0.5mm径くらいのアタリ穴をまんなかに開けてから穴を広げます

15

◀研ぎづらくなるので組み立てはここまでにします。整形が終わったらサーフェイサー吹きに突入。ここでキズを発見したら修整しますが、なるべく修整しなくてすむようにあらかじめ念入りに整形しておくことがとても大切

16

◀距離を離して「シュッシュッ」と小刻みに吹くとザラザラになるので、20cmくらいの距離から「シューッシューッ」とちょっと長めに吹いて、テロッとなった直後に止めるくらいにし1発できれいな下地を作りましょう

17

◀サーフェイサーをしっかり乾燥させたら(1日くらい置く)、1000～1200番のサンドペーパーで水研ぎします。力を入れすぎないようにして平滑な表面を作りましょう。サンドペーパーには消しゴムを四角く切ったものをあてると具合がよいです

18

◀水研ぎしていくと白っぽい削りカスが出るので、水洗いし、スジ彫りにつまったカスは筆でかき出して掃除します。それでもだんだん埋まってきたらナイフで軽くなぞってスジ彫りを復活させておきましょう

19

◀下地工作終了。ツルピカにする場合は、とくにハイライトの光沢が入りそうなところは意識して平滑に。エッジでやこまかいモールドはさわらないようにします。1200番まで磨いていくとだいたいこれくらいの表面になります

20

◀発色をよくするためにまず全体にスーパーホワイトを吹き、その後赤の塗装に入ります。いきなり濃い塗料で発色させようとせず、うすめ液と1対1程度に薄め数回に分けてエアブラシで塗装します。1回目はこのくらいでやめます

21

◀途中でいちどザラッとさせてしまうと復活させる(研ぎ直す)のにかなり労力が要るので注意。今回は6回吹いたこの状態で塗り上がり。薄く吹くとすぐ乾くので、各部をローテーションして塗っていけば結果的に早く仕上がります

22

◀乾燥したら1500番のサンドペーパーで凸凹のできてしまった部分やホコリが付いたところを水研ぎします。サーフェイサーの下地が出てしまったらそこだけエアブラシの極細吹きでリタッチしてもう一度磨きましょう

23

◀磨き終わったところ。動翼はあえて磨かずに変化を付けています。スケールを考えるとクリアーを塗らずにこの状態から磨いて仕上げてもよいのですが、下地が出てしまいやすいので難易度は高めになります

24

◀尾翼、主翼下面の白、緑の帯はデカールで用意されていますが、パターンも単純なのでいっそのことマスキングして塗ってしまったほうが簡単にきれいに仕上げられます。マスキングしたらまずは白を先に塗ります

25

◀白が乾いたら、さらにマスキングして緑を塗ります。主翼下面も同様に作業しましょう。今回、白と緑はGSIクレオスのラッカー系塗料、スーパーホワイトとデイトナグリーンを使用。はみ出たら逆にマスキングしてリタッチ

26

◀塗装塗り分けが終わったらデカールを貼りましょう。デカールは貼るところのぶんだけ切り出して水に浸け、ティッシュなどの上にあげておきます。貼る場所にはあらかじめマークソフターを塗っておきましょう

27

◀デカールが動くようになったら貼る場所に台紙ごと持っていってスライドさせてデカールを置きます。30秒ほど放置してデカールがほどよく軟化したら、端から水分をきれいに押し出すように綿棒で密着させます

28

◀1日デカールを乾かしてからクリアー(Mrカラー スーパークリアーII)をエアブラシ塗装。ここでも厚吹きせずに10回程度にわけて吹いていきます。乾燥したら1200番、1500番2000番のサンドペーパーで全体を水研ぎ

29

◀2000番まで水研ぎしたら、コンパウンド(モデラーズ トップコンパウンド2000)で磨きます。広い面はティッシュで、入り組んだところは綿棒で磨いています。同じ場所をこすりすぎないことと、力を入れすぎないことに注意

30

◀主翼に付いているフロートの下部は機体下面と同じ色。キットにはデカールが付いていますが、ここもマスキングして塗ったほうが簡単できれいに仕上がります。写真のようにテープを巻いて、フチを密着させましょう

31

◀風防の枠は赤なので、写真のようにマスキングしてエアブラシ塗装します。ガラス部分はコンパウンドで磨くときれいに仕上がります。風防中央には照準器が貫通する穴がありますがちょっときついのであらかじめ仮組みしましょう

32

◀エンジン上部のエンジンカウル開閉用ヒンジをシルバーに。シルバーはGSIクレオスのメッキシルバーが超オススメ!! エアブラシ用ということですが、筆塗りでもまったく問題ありません。とにかく金属感はバツグンなのです

33

◀エンジン左右にあるラジエターは中央部をシルバーに。ここもメッキシルバーを筆塗り。まずは境目を慎重に塗っていき、そのあと内側を塗るようにするときれいに塗れます。広い面積のところは何度か塗り重ねるようにしましょう

34

◀燃料ポンプ動力プロペラの色指定はシルバー。セル画を見る限りはメインのプロペラと同じ色のようですが、ワンポイントということであえて指定のシルバーで塗ってみました。ちょっと厚塗りにすると金属感アップ!

35

◀エンジン前面下側のラジエター部分の指定色はゴールドですが、メッキシルバーの金属感を活かしたかったのでここもシルバーに。上にクリアーイエローを塗ればゴールドになりますが、塗った感じになってしまいます

36

◀排気管はメッキシルバー+ガンメタル少々をエアブラシ塗装。筆塗りでもよいのですが、管=薄いものであることを強調するためには薄い塗膜で仕上げました。好みでさらに焼け汚れをつや消し黒で追加してもよいでしょう

37

◀レシプロ機の「顔」でもあるプロペラはしっかりと工作すると完成品が引き締まります。キットのパーツはとてもシャープに成形されていますがフチのところにパーティングラインがあるので600番のサンドペーパーで整形

38

◀スピナーのゲート跡も整形したら、ザラザラにならないようにちょっと厚めにサーフェイサーを吹いて下地を作ります。きれいになったらまずは指定色のラッカー系塗料のタンを全体にエアブラシで塗装します

39

◀プロペラブレードは木製なので、木目をつけてみましょう。使うのはエナメル系塗料のクリアーオレンジ。筆先を割った平筆で木目っぽくスジが残るように塗ります。やり直しがきくので偶然それっぽくなるまで作業するのがコツ

40

◀コクピット開口部は黒の指定ですが、スケール感を考えてグレーに。ツヤに変化をつけるためにツヤ消しにしています。使う塗料をエナメル系にしておくと、はみ出してもうすめ液で拭いてやり直せます

41

◀ワンポイント追加工作としてエルロンのプッシュロッドを0.3mm真ちゅう線で追加。昇降舵のプッシュロッドはモールドされているので先述のメッキシルバーを筆塗り。各翼のヒンジ部もメッキシルバーを塗っています

42

◀塗装がすべて終わったら組み立て。尾翼は主翼との位置の兼ね合いをよく見て曲がらないように接着し、その後に塗装しておいた下側のステーを合わせて接着しましょう。接着剤は5分硬化のエポキシ系2液式接着剤を使っています

43

◀エポキシ系接着剤はエナメル系うすめ液で溶いたり拭き取ることができるのでオススメ。とくにクリアーパーツの接着で威力を発揮します。瞬間接着剤も使えますが、その場合は低白化のものを使うようにしましょう

44

◀フィギュアはパーティングラインを処理しただけでそのまま。塗装やデカールの乾燥待ちのあいだに塗装するといいでしょう。基本色となる肌色をラッカー系でエアブラシ塗装し、その上からエナメル系で筆塗り

45

完成!!

艶やかな光沢を身に纏ったサボイアS.21が完成! 元々のキットの精度が非常に高いため、塗装とワンポイント的な追加工作で充分に完成度の高い作品を手に入れることができるのだ

SAVOIA S.21

宮崎監督が遠い昔に一度だけ見たというマッキM.33の写真
その記憶を頼りに描かれたのが、戦闘飛行艇サボイアS.21だ
鮮烈な紅の機体色に流麗な機体形状
そして特異なエンジン配置が特徴的な
言わずと知れた『飛行艇時代』／『紅の豚』の主役機である
ここでは、この機体を題材とした3つのダイオラマ作品をお届けする
アドリア海に浮かぶ島々の中に設けられたポルコの隠れ家
劇中中盤のカーチスとの決闘での挫折
そしてフィオの手で生まれ変わった機体の再生の瞬間と
大きく表情の異なる三作を楽しんでほしい

アドリア海の隠し砦

ほろ苦いポルコの挫折

「再生」の瞬間

サボイア S.21 試作戦闘飛行艇

アドリア海の隠し砦

1920年代末
荒々しい空賊が地中海に猛威を振るった時代
まばゆい日差しを浴びて青く輝く
アドリア海に浮かぶ小島がひとつ
岸壁に囲まれたその島には
イタリア海軍退役パイロットにして賞金稼ぎ
ポルコ・ロッソの隠れ家があった
彼の愛艇、真紅のサボイア S.21 フォルゴーレ号が
翼を休める入り江には
今日も穏やかな海風が吹いている

サボイア S.21 "後期型"
ファインモールド 1/72 インジェクションプラスチックキット
製作 WildRiver荒川直人

SAVOIA S.21F
Finemolds 1/72 Injection-plastic kit
Modeled by WildRiver Naoto Arakawa

【使用キット】
サボイア S.21F "後期型"
ファインモールド 1/48
インジェクションプラスチックキット
製作／WildRiver 荒川直人

アドリア海に浮かぶ
ポルコのアジトを再現

"ポルコ・ロッソ"が"マルコ・パゴット"に戻るとき

　「飛行艇時代」そして『紅の豚』には魅力的なロケーションがいくつも登場する。ミラノのピッコロ社、最終決戦の舞台となったスカファ諸島など、それらの風景は雑想ノートでも、そして映画本編でも多くの人の心を掴んでいる。しかし、その中でも最も印象的なのが、劇中ポルコが秘密基地としている入り江ではないだろうか。

　本作で荒川直人氏が題材として選んだのはこの基地。フィオがポルコに人間「マルコ・パゴット」の姿を幻視したあのシーンをイメージしたダイオラマである。躍動的な空中戦が多い「紅の豚」において、極めて静的なこの場面は一際印象に残る。

　本作で重要な要素となっているのがストラクチャーすべてを含んだダイオラマ全体の「高さ」である。、圧倒的な高さの崖に囲まれたロケーションの再現は本作のひとつのキーポイントとなっている。真紅の機体を引き立たせる全体の色彩設計、またサボイアS21を見上げるような角度でも、風景全体を見下ろすような角度でも楽しめる本作は、まさしく統合的演出の施された見所に満ちた作品と言えるだろう。　■

入り江に浮かぶサボイアS.21はほぼ無改造で使用。塗装後にクリアーを吹き付けて表面の光沢を再現した。また、このダイオラマはピッコロ社で改造を受けたサボイアがポルコの隠れ家に戻ってきた後の状態を再現した作品のため、キットはファインモールドの"後期型"を使用した。エンジンナセルの形状が大きく異なるほか、プロペラ下に増設され劇中でフィオが搭乗していたハッチがついているのにも注目。

劇中でも印象的だったアドリア海の淡い色合いを再現した水面は塩ビ板製。表側に着色せず、アクリル板の裏面にグラデーションをつけた水色を吹き付け、それを塗装していない面を透かして見せることで水面らしい奥行きを再現している

一瞬だけ人間に戻った状態を再現したポルコはプライザーの1/72ドイツ兵を改造している

テントは真ちゅう線でフレームを作り、その上に木工ボンドと塗料と水を混ぜたものに浸したティッシュを被せた

ポルコの脇で寝袋にくるまるフィオはエポキシパテで製作。椅子と机はエバーグリーンのプラ材で組み立てている

巨大な崖は木の幹まるまる1本分のコルクを大きく三分割して製作。崖に映えている草はシーナリーパウダーだ

奥の建物の壁はバルサ材にアクリルガッシュのメディウムを塗ったもの。ドラム缶は1/72のAFV用アクセサリーだ

机に置かれたランプの中にはLEDが仕込まれており、点灯させることで印象的な夜のシーンを演出する

ポルコ……

ん? 眠れねえのか

今ね……夢だったのかしら……

安心して寝ろよ　明日は早えぞ

ポルコ

ああ?

ポルコはどうして豚になっちゃったの?

さあてね

劇中でも印象的な場面である、夜、ランプの明かりの下で決戦の準備をするポルコとフィオのシーン。これを再現するため本作では卓上のランプに白熱灯タイプのチップLEDを仕込んでいる。一瞬だけポルコ・ロッソがマルコ・パゴットに戻って見える瞬間をイメージしたジオラマのため、本作での彼は人間の姿でのフィギュアが使われている。ランプのガラス部分には瞬間接着剤のノズルを小さく切って使用。横にはフィオが入っている寝袋を用意した。電源は別にアダプターを用意し、コンセントから電源をとることができる

1/48 Scale Finemolds Injection plastic kit

SAVOIA S.21F

1　台座を用意し、仮組みしたサボイアを配置して海面と砂浜、崖などのレイアウトを決める

2　コルク材のブロック（幹一本分）を大きく3分割し、最初に考えたレイアウトに沿って崖を配置する

3　机やその上の小物類はプラ材を使って製作。ランプにLEDを配線するための銅線がはみ出ている

4　ポルコの脇で寝袋に入った状態のフィオは全てエポキシパテを使って造形した

5　崖を全て接着する前にベースに穴をあけて配線を通し、ちゃんとランプが点灯するかどうか確認する

6　ベースと崖などがほぼ完成したところでサボイアを配置する。機体の製作はベースを作った後、最後に行なう

7　動翼は切り離して再接着。パーツを切断するのには超音波カッターを使用している

8　水面の下にはグレーを何色か吹き付けておき、水面の塩ビ板を置いた際に色の深みが出るようにする

9　傘は骨を真ちゅう線で製作し、そこにメンソレータムを混ぜたエポキシパテを薄く延ばしたものを張った

10　人間に戻った状態のポルコはプライザーのドイツ兵のポーズを変更し、マフラーなどをエポキシパテで追加している

11　テントは木工ボンドと茶系の塗料、水を混ぜたものに浸したティッシュで製作。半乾きのうちにシワをつける

12　崖の黒い部分は黒い軽量紙粘土と木工ボンドと水を混ぜたもの。これを盛った上にシーナリーパウダーを撒いている

13　フィギュアの位置関係を調節して配置し、劇中のイメージに近いかどうかLEDを点灯して確かめる

14　機体がほぼ完成したところ。機体の赤い部分のツヤを調整するため、まだこの段階ではプロペラを取り付けていない

隠し砦に翼を休めるサボイアとポルコを異素材を使い分けて描く

　アドリア海に浮かぶ小島の小さな入り江。そこにはポルコの隠れ家が設けられている。『紅の豚』劇中でも、そこは地中海の温暖な風と深い色の水面が印象的な場所だった。劇中後半、最終決戦に向けてその隠れ家で翼を休めるポルコと、それに無理矢理同行したフィオ。静かな夜の中で、一瞬だけフィオが人間「マルコ・パゴット」だった頃のポルコを幻視する。劇中最も静謐で印象的なシーンである。

　その瞬間を題材としているのがこの荒川直人氏によるダイオラマだ。荒川氏は「円形劇場」というコンセプトで、物語性の高いダイオラマ作品を製作し続けているモデラーである。この作品では砂浜や水面とテントやサボイアS.21、入り江自体の左右に切り立った断崖など、非常に特徴的な地形を再現するためサボイアS.21のキット以外にも多くの素材を組み合わせた製作手法がとられることとなった。水面を表現するためには透明な塩ビ版にエアブラシで塗料を吹き付け、さらにその下にも濁った色を塗っておきそこに水面の塩ビ版を重ねることで深い色合いを表現した

り、巨大な崖にはコルク材を用いるなど、単にプラスチックモデルを組み立てるのとは異なるダイオラマ作りのスキルを遺憾なく発揮した作品である。また、観賞するアングルを計算したサボイアS.21や崖の配置なども工夫され、また配置を考える工程にもしっかりと時間をかけている。この工夫により、「円形劇場」の名の通り、崖の対面のどの角度から見ても「絵になる」作品に仕上がっているのだ。

　さらに電飾などのギミックを仕込んだ情景作品を得意とする荒川氏ならではの工夫として、この作品ではポルコの前に置かれたランプにLEDが仕込まれ発光するようになっている。これにより、明るい水面の色と断崖のコントラストが鮮やかな昼間のシーン、そしてランプに照らし出された風景が幻想的な劇中の夜のシーンのふたつの風景を楽しむことができるようになっているのだ。これまでにもダイオラマを数多く手がけてきた高い技術で二通りの劇中のイメージを再現したこの作品は、まさにダイオラマを作ることの醍醐味を体現していると言えるだろう。　■

サボイア S.21 試作戦闘飛行艇
ほろ苦いポルコの挫折

『紅の豚』の中盤、エンジン不調で飛行しているところをカーチスの不意打ちで撃墜されてしまったポルコのサボイア。一敗地にまみれ、アドリア海の小島に流れ着く傷ついた戦闘飛行艇の姿を素材感を表現した超高密度なクラッシュモデルとして描き出す

サボイア S.21 試作戦闘飛行艇
ファインモールド 1/48
インジェクションプラスチックキット
製作 チアキ・バチスタ!!
Finemolds 1/48 SAVOIA S.21
Injection plastic kit
Modeled by Chiaki Batista!!

素材感と
ていねいなベース製作で、
失意のポルコを描く

高いセンスと製作技術で作り出された、
「撃墜された木製飛行艇」の姿

　木材、金属、布という異なる素材を組み合わせて設計されている戦間期の戦闘飛行艇。それぞれの素材感をいかにして演出するか、というのも模型製作の醍醐味のひとつである。その楽しみを堪能するためのシチュエーションとして、作者であるチアキ・バチスタ!!氏が選んだのは『紅の豚』の中盤で、攻撃を受けたサボイアが小島に墜落した直後のシーンであった。銃弾を浴びた機体各部の塗装が剥がれ、骨組みがむきだしになった姿は、異素材同士が組み合わされた機体を表現するのには打って付けの題材だと言えるだろう。

　さらに機体と同様にていねいに作り上げられたグランドワークにも氏のセンスが光る。樹木で高さとボリュームを稼ぎ、シンプルながら充分な構図でまとめられたダイオラマは確かなセンスを感じさせるものだ。「模型を作る楽しみ」が凝縮された逸品を、隅々まで楽しんでいただきたい。

【使用キット】
サボイア S.21 試作戦闘飛行艇
ファインモールド 1/48
インジェクションプラスチックキット
製作／チアキ・バチスタ!!

　ファインモールド製の1/48キットをベースに、クラッシュモデルとして仕上げられた本作のサボイア。尾翼などの羽布張りの動翼はキットパーツを切り離し、プラ材で内部の骨組みを組んだ上から0.16㎜厚のプラ板を貼る。それをカッターで切り裂いて内部のフレームを露出させた。また羽布の部分はタバコライオンを加えた塗料を筆塗りすることで布地らしい目地の質感を出した。機体各部の弾痕はピンバイスでパーツに穴をあけ、木材が割けたような傷をナイフで刻んで表現。エンジンは設定と同系列のエンジンである三菱製イスパノエンジンのディテールを参考に製作した。

　グランドワークにも注目したい。崖はコルクボードの積層で製作し、砂浜にはタミヤの情景テクスチャーペイントのライトサンドを塗って製作。水面はタミヤの透明エポキシ樹脂を流して表現している。樹木の枝は針金で作った芯に木部用エポキシパテを盛りつけて太らせ、さらに樹皮の表現として木材補修用のウッドパテを盛っている。また葉は鉄道模型の樹木用素材を枝に貼り付け、それを木工ボンドを水で薄めたものに浸した後、乾燥パセリをまぶしている。さらに地面に落ちた葉はオレガノの葉を乾燥させたものを撒いて再現している

水面はタミヤの透明エポキシ樹脂を流し込んで再現。水面下の砂地の色は周囲よりも暗めの色を吹き付けることで湿った砂の色としている。また、水面の白い泡は油彩絵の具のアイボリーで線を描き、部分的に盛り上げて表現している

エンジンはキットパーツを元にイスパノ・スイザ製のものを再現。プラ材と金属線でディテールアップされている

コクピット周辺には被弾したエンジンからのオイルに飛沫が飛び散っている。割れた風防のガラスにも注目だ

部分的に破壊された主翼を再現するため、内部の骨組みをプラ材で組み立て、その上に薄いプラ板を貼っている

バラバラに飛び散った機体の破片はキットパーツに木目をナイフで刻み、プラ材で作った骨組みを取り付けている

1/48 Scale Finemolds Injection plastic kit

SAVOIA S.21

1 スタイロフォームのブロックを組み合わせ、砂浜と断崖のレイアウトを練る

8 断崖の材料となったコルクボード。これを切り出したものをスタイロフォームの前面に貼り付けている

2 サボイアを配置してレイアウトを確認。当初はベースと平行に崖を配置する予定だったが、斜めの配置となった

9 砂浜に壁補修材を塗り、サボイアが着陸した際の地面のえぐれなどをつける

3 樹木は太さ1mm程度の針金を数本ねじって芯にし、それにエポキシパテを盛って製作した

10 葉は鉄道模型用のスポンジ素材をほぐしたものと乾燥パセリで表現。水で溶いた木工ボンドに浸して枝に貼り付ける

4 水面の泡は油彩絵の具で表現。波打ち際の波は絵の具を盛り上げるように塗って立体的にする

11 エンジンナセル側面のハッチ。左側面のハッチは破損しているので、薄いプラ板に置き換えて弾痕などを彫刻する

5 エンジンカウルはサーフェイサーを筆塗りして凹凸をつけた後、金属板の下地として銀色を塗っておく

12 エンジンはディテールをプラ板や真ちゅう線で自作。ラジエーターのフィンもプラ板を積層したものに置き換えた

6 艇体の底面は先にバフを塗って乾燥させてから油彩のバーントシェンナをなすり付けるように塗った

13 機体の破片はプラ材で裏の骨組みを作り、カッターで木目を入れたものを機体同様にバフと油彩で塗装している

7 エンジンから飛び散ったオイルは歯ブラシに黒い塗料をを薄めたものをつけて弾き、飛沫を飛ばした

14 船体底面の砂地はアクリル系の薄め液で薄めた情景テクスチャーペイントを歯ブラシで弾いて表現している

機体各部の素材感を盛り込み、大破したサボイアを劇的に表現する

　当時の航空機の常識的な部品構成として、木材と金属、羽布を組み合わせた機体構造だったサボイア。大破してむきだしとなったその構造を視覚的に表現することがこのダイオラマの目的だったという。製作はまずエンジン部からスタート。三菱製イスパノエンジンを元にして、プラ材と真ちゅう線でキットパーツにディテールを追加。各部のリベットはピンバイスで穴を開け、短く切った真ちゅう線を埋め込んで再現している。またエンジンにも数カ所ある弾痕はピンバイスで穴を開け、金属が内側に向かってひしゃげたような切れ込みをカッターで入れている。またエンジンカウルの塗装剥げは下地にガイアノーツのスターブライトジュラルミンを吹き付けた後にシリコンバリアーを塗り、その上からGSIクレオスのモンザレッドで塗装。外板の縁の部分を中心にカッターなどで塗料を剥がしてチッピングした。

　本作では機体本体も完成後はあまり見えなくなる部分にまで手を入れている。シートベルトは鉛板によって追加し、劇中同様にバックルの「P」の文字も彫り込んだ。折れた左翼はパーツをノコギリで切り、断面の厚みを薄く削り込む。その断面に合わせて整形したプラ板を翼断面のフレームとして肉抜きし、主翼の切断面にはめ込んでいる。また崖への衝突でバラバラにくだけた右翼はキットのパーツを分解して再現。パーツの裏面などにプラ材で作ったフレームを接着し、カッターで木目を彫り込んでから塗装して無塗装部分を表現している。

　機体全体のウェザリングは全体的にホルベインの油彩絵の具からセピアとローアンバーでウォッシングし、飛び散ったオイルはAKインタラクティブの「OIL COLORS」をターペンタインで溶いたものを歯ブラシではじき飛ばして表現した。また機体の海水で塗れた部分はタミヤエナメルのクリヤーを筆塗りしている。

　最後にポルコのフィギュアだが、これはキット付属の着座姿勢のものの頭部と足のみを使用し、他はマジックスカルプによる造形。機体のサイズと比較して違和感が出ないよう配慮している。　■

Extra contents 1

ポルコ・ロッソの愛機、サボイアS.21には
モデルとなった実在の機体が存在する
1925年のシュナイダートロフィーに参戦した
マッキM.33がそれである
空力的な洗練をうかがわせる機体形状が
特徴的なこの機体は、如何なる飛行艇だったのだろうか

【使用キット】
マッキM.33
ノア・モデルズ 1/48
レジンキャストキット
製作／杉本 泉

この作品はノア・モデルズのレジン製キットを製作したもの。部品の精度が高いのでレジンキットながら組み立ては容易なものだ。残念ながら現在では手に入りにくいキットになってしまっているが、流麗な機体のラインが楽しめる秀作である

ポルコ・ロッソの愛機、サボイアS.21のモデルとなった
1920年代イタリアに実際に存在した飛行艇、マッキM.33

主翼の位置こそサボイアS.21とは異なるものの、主翼上に配置されたエンジンの位置や艇体全体の形状など、その他の部分は驚くほど似ているマッキM.33。宮崎氏が『飛行艇時代』を描く際に遠い昔に一回だけ見たこの機体の写真をぼんやりと思い出して作画したというのは各所で語られているが、改めて両機を見比べてそのフォルムの共通点を見るにつけ、氏の記憶力に驚かされる

　ポルコの愛機、サボイアS.21のモデル機となったのがマッキM.33。シュナイダー・トロフィーレースの専用機として、1925年にイタリアのマッキ社が送り出した肩翼単葉の単座飛行艇だ。速度を重視して先鋭的な流線型ボディーを採用し、機体の上部に支柱で据えられたカーチス製507馬力のD-12エンジンも流線型のナセルで覆われていなど、流麗なレーサー機であった。性能もさすがで、最高時速378kmを記録して期待を集めた。
　ところが同年のシュナイダートロフィーには2機が参加したものの、1機が3位入賞という残念な結果に終わる。機体性能とレースは別物であったのだ。宮崎氏は小学生の時にこのマッキM.33の写真を見たことがあり、ポルコのS.21はその古い記憶を頼りに作り上げたものであった。無数の飛行機の中からこれを選んだのは、それだけ印象に残る飛行機であったのだろう。ちなみにサボイアも実在のイタリア飛行機メーカーであり、S.21という型番の飛行艇も製造している。ただしこれはサボイア社が買収されて社名が変わった時期の機体であり、また外見も全く違う複葉機であった。（文／宮永忠将）

サボイア S.21 試作戦闘飛行艇
「再生」の瞬間

カーチスに撃墜されたポルコのサボイアはピッコロ社によって再生され
より強靭で高速な機体となって蘇る
この再生の瞬間を、荒川直人氏によるダイオラマとして表現したのが本作だ
ドールハウスさながらの手法で再現された一作を
じっくりと堪能していただきたい

サボイア S.21F "後期型"
ファインモールド 1/48
インジェクションプラスチックキット
製作／WildRiver 荒川直人

Finemolds 1/48 SAVOIA S.21F
Injection plastic kit
Modeled by WildRiver Naoto Arakawa

エンジンの不調からカーチスに敗れ、アドリア海に墜ちたポルコのサボイア。この機体はピッコロ社の孫娘フィオの献身的な努力によって、さらに強力なものに生まれ変わる。

『紅の豚』本編には数多く印象的なシーンがあるが、物語の後半に向けて一気にエンジンのかかるこの「再生」の一幕もそのひとつであろう。そして模型は、ただ単に機体を再現するだけではなく、物語の中で重要な役割を持つシーン全体を一気に立体化することも可能であるということを思い知らせてくれるのが荒川直人氏によるこのダイオラマだ。

キットを使用したのはサボイアのみ。小物類に至るまですべて自作した上で配置されたこの作品は、例え模型であっても優れたストーリーに対する感動を表現することはできるのだ、ということを我々に気付かせてくれる。現にこの作品に込められた荒川氏の熱量のすさまじさは、ひとつひとつ緻密に再現された机上の小物、また登場人物の息づかいまで想像させるような小道具の配置や塗装に表れている。感動に突き動かされて製作されたダイオラマはここまで雄弁にその感動を物語るという好例といえるだろう。　■

【使用キット】
サボイア S.21F "後期型"
ファインモールド 1/48
インジェクションプラスチックキット
製作／WildRiver荒川直人

ドールハウス的手法で切り取る、サボイア「再生」の瞬間

劇中のストラクチャー配置までも再現された、ピッコロ社の工房

机や板材の塗装には油彩絵の具を活用。サンド系のラッカー塗料を吹いてから、茶系の油彩を薄めて筆塗りしている

イーゼルや机上の工具類などもすべてプラ板製。設計図は小さく切った紙に細いペンで図案を描き込んで製作した

テーブルはバルサの薄板の裏にプラ板を貼ったものに脚を接着して製作。小物はプラ板や各種ジャンクパーツを使用

塗料用の缶などはウェーブのプラパイプを切り出して作っている。脇に置かれている機械はアーク溶接用の溶接機だ

手持ちぶさたになったポルコが赤ん坊をあやしていた揺り籠もプラ材で製作。煙草の吸い殻はプラ材を使っている

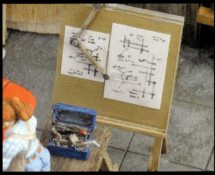
機体の設計図が貼り付けられた製図台はプラ板製。製図用のアームも細切りにしたプラ板で製作している

机の脇に置かれた椅子などはすべてプラ板とプラ棒で作られた。机まわりのサイズや配置を決定する際にはスチレンプレートでダミーの机を用意し、サイズを確かめている

フィオのフィギュアはファインモールドのキットから流用し、ポーズを変更している

クレーンのチェーンは手芸用の鎖を使い、フック部分はジャンクパーツを使った

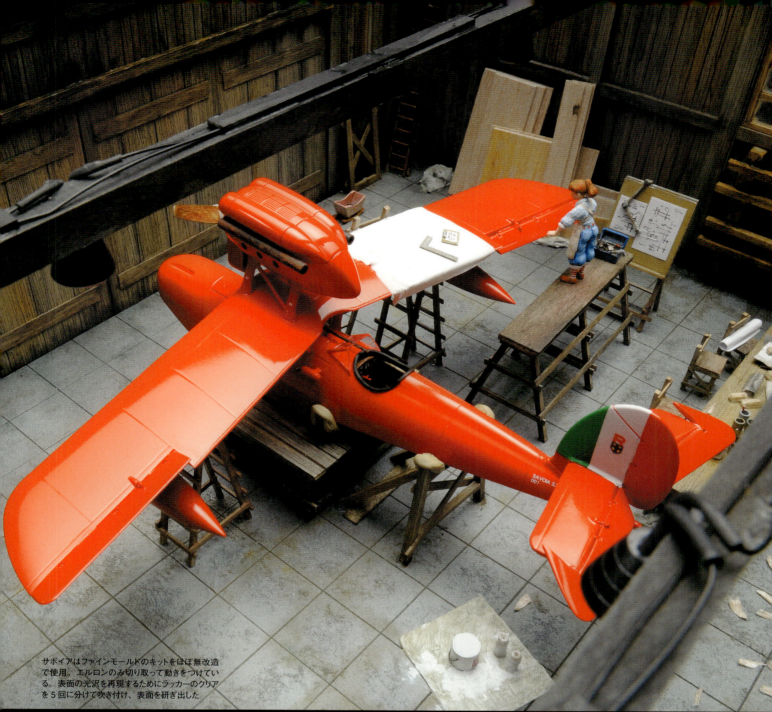

サボイアはファインモールドのキットをほぼ無改造で使用。エルロンのみ切り取って動きをつけている。表面の光沢を再現するためにラッカーのクリアを5回に分けて吹き付け、表面を研ぎ出した

サボイアの主翼の上にかけられている布は木工用ボンドを染みこませたティッシュで再現。サボイアの機首側の工房の扉は外せるようになっているため、このようなアングルからでも撮影が可能となっている

横向きに渡された天井の梁に4つのLEDが仕込まれ、ダイオラマ全体を照らしている。使ったLEDは電灯色のもの

壁面にはこれまでに作られたプロペラが取り付けられているのも原作通り。木目の表現にも注目したい

窓ガラスの汚れはアクリル薄め液で溶いたパステル。右上には豚の落書きが描き込まれている

工房の床に散らばったカンナくずは実際にバルサ材をカッターで削って作り、不自然にならないよう配置している

1/48 Scale Finemolds Injection plastic kit

SAVOIA S.21F

1. 劇中の描写を元にストラクチャーの配置やサイズを書き出して検討。これを元にダイオラマの要素を決定していく

2. 床面はPカッターで格子状に切れ込みを入れた板の上からサンド系のメディウムを塗り、表面をサンドペーパーで均す

3. 柱の部分に接着するバルサ材を切り出す。色がグレーの部分は強度確保と反り対策のために裏面にプラ板を貼った板

4. 工具箱はプラ板を箱組みして製作。その他の小物もプラパイプやプラ板、バルサ材などでひとつひとつ製作された

5. ダイオラマ内の机などがすべて完成したところで仮置きし、仮組みしたサボイアの機体も含めて配置を決定する

6. プロペラはサンド系の缶スプレーを吹いた後に長辺に沿ってデザインナイフでけがき、表面の木目を彫刻する

7. 机の色は茶系の缶スプレーを吹き付けた上から油絵の具をまだらに塗って塗装。乾燥後に小物類を取り付ける

8. 設計図に基づき全体の土台となる箱状の部材を切り出す。素材にはMDFボードにプラ板を貼ったものを使う

9. 壁面の板にはPカッターで板の継ぎ目を彫り、デザインナイフで細かい木目を入れていく

10. 壁面の塗装にはサンド系の塗料の缶スプレーを使用。その上から油彩絵の具を希釈したものを筆塗りする

11. 工房内部の机や脚立はプラ材と1～3mm厚のバルサ材で製作。机の天板には裏面にプラ板を貼って強度を確保した

12. 機体の塗には赤色の発色を考え、下地としてタミヤのファインサーフェイサー（ピンク）を使用する

13. フィオのフィギュアはファインモールドのキットから流用。腰と肩を切り離してエポキシパテで整形しポーズを変更した

14. イーゼルとその上のドラフターはプラ板とプラ棒を使って自作。設計図は細かく切った紙に細いペンで描き込んでいる

徹底して映画の画面にこだわり、サボイアの「再生」の瞬間に肉薄する

　映画『紅の豚』の後半に向けて、ピッコロ社とフィオの手によって撃墜されたポルコのサボイアが再度組み上げられるシーン。劇中では木材と手作業を駆使した機体製作技術が再現され、またピッコロ社のユーモラスな描写でも記憶に残る一幕であろう。今回荒川直人氏が題材に選んだのはこの風景。「徹夜はやめろ」とポルコに口を酸っぱくして言われていたフィオが、それでも1人作業を進める様を緻密な工作と空間設計で描き出した力作である。

　製作にあたっては、まずダイオラマ全体のサイズを決定して建物の外板となる部材を切り出すところからスタート。外板には加工や塗装のしやすさから破砕した木材を接着剤で固めたMDFボードにプラ板を貼り付けたものを使っている。念入りに図面を引き、全体のボリュームや空間の大きさを把握したところで、建物内にどのようなストラクチャーがどの位置に置かれているかをリサーチする。その際には何度も映画のシーンを「一時停止」させ、机や機体が載っている台から机上の工具や機材に至るまで調べあげてリスト化している。このリストを元にダイオラマ全体の小物を用意していくこととなった。また、机や椅子などのストラクチャーの大きさや配置を決定する際にはスチレンボードでサンプルを製作し、それを実際にダイオラマの中に置いてみて確認している。机や椅子の塗装が終わってから全体の小物を配置していく際にはさながらドールハウス製作のような工程となった。

　今回、サボイアの製作はこれらの工作がすべて終わってから、最後に行なっている。このサボイアは機体底面のみがむきだしの木目になっているため、研ぎ出しが必要な赤い部分と底面の部品とは最後まで別で組み立て、双方が完成してから接着して組み合わせた。また底面はプロペラと同じくナイフで木目を刻んだ後に油彩と缶スプレーで塗装して仕上げている。

　このように、このダイオラマは製作する順番から考え抜いて組み上げられた。緻密な工程設計こそが、サボイアの再生の瞬間に命を吹き込んだ決め手だったのである。■

Extra contents 2

幾多の飛行艇が登場した『紅の豚』の中でも
ひときわ優美な印象を残した"ジーナの飛行艇"
複葉で並列複座、プッシャー式のエンジン配置という
独特の構造を備えた機体である
この印象的な機体を、フルスクラッチビルドで再現する

ジーナの飛行艇
1/48 フルスクラッチビルド
製作／柏木崇男

1/48 Madame Gina's Flying Boat
Full-scratch build
Modeled by Mitsuo Kashiwagi

『紅の豚』において最も優美な印象を残した機体をフルスクラッチビルドで描き出す

製作にあたっては基本的な寸法をマッキM.7のデータに合わせているため、機体のサイズはM.7とほぼ同じ。四角い胴体はプラ板の箱組みで製作し、コクピット部分は並列複座のレイアウトに合わせて幅を変更している。エンジンナセルは丸めたプラ板の前後にバキュームフォームでテーパーをつけたプラ板を貼り付けて形状を出し、プロペラはプラ板からの切り出しで製作した。また特徴的なエンジン前面のラジエーターは楕円形に切ったプラ板に真ちゅう線を縦に並べて貼り付け、それをエンジンナセル前面に貼って再現している

　複葉かつ機体上面に後ろ向きにプロペラを取り付けた特異な姿が印象的なジーナの飛行艇。この機体をフルスクラッチビルドで製作した柏木氏によれば、ジーナの飛行艇にレイアウトが似た機体が2機あるという。ひとつはマッキ M.7で、第一次大戦の終結近な時期に開発された機体である。このM.7の改良型であるM.7bisは1921年のシュナイダートロフィーを制しており、優秀な飛行艇だったことがうかがえる。
　もう一機が同じくマッキのM.41。こちらもおなじく複葉の機体で、上翼の後ろにプッシャー式のエンジンを搭載した戦闘飛行艇。1930年から1938年にかけてイタリア軍で実際に運用されていた機体でもある。こちらはコミックの『飛行艇時代』でのドナルド・カーチス初登場場面で、颯爽と現れたカーチスR3C-0に次々に撃ち落とされるやられ役のイタリア軍機として登場している。
　大戦間に登場したイタリアの小型飛行艇2機に極めて似たレイアウトを持つこの機体。このような脇役からも豊かな文脈が見て取れるのが『紅の豚』の魅力だろう。■

CURTISS R3C-0

カーチス R3C-0 非公然水上戦闘機

ポルコの前に立ちはだかる空賊連合が雇った
伊達男のアメリカ人パイロット、ドナルド・カーチス
彼が自在に操る機体がカーチス R3C-0 である
サボイア S.21 とは異なり
明確にモデルとなった機体が存在するのがこのライバル機の特徴
1925年のシュナイダートロフィーで優勝した
カーチス R3C-2 がそれである
そんな優秀な高速飛行艇であるカーチス R3C-0 だが
ここではファインモールド製のキットをベースに各部にディテールを追加
より原作に近い印象の機体とした

名声と金を運んでくる
幸運のガラガラ蛇

超高速のレーサー機をド派手な青色と黄色のペイントで飾ったドナルド。
カーチスの愛機、R3C-0。実在の機体を改造したという設定を持つこの機体は、
小さな胴体に極限まで巨大なエンジンを積んだ、
見るからに凶暴な印象の生まれついてのスピードレーサーである。
その方向舵に誇らしげに描かれたガラガラ蛇は、
獲物を求めて今日も鎌首をもたげるのだ

カーチス R3C-0 非公然水上戦闘機

カーチス R3C-0 非公然水上戦闘機
ファインモールド 1/48
インジェクションプラスチックキット
製作／横浜潤馬
Finemolds 1/48 CURTISS R3C-0
Injection plastic kit
Modeled by Jyunma Yokohama

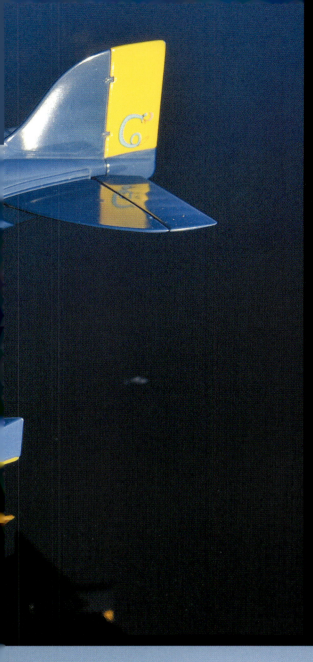

不意打ちとはいえ一度はポルコの乗ったサボイアを撃墜し、憎めない強敵としてスクリーンを飛び回ったドナルド・カーチスとその乗機カーチスR3C-0。この機体は実在のシュナイダーレース出場機であるカーチスR3C-2を元にした機体であり、模型を製作する際には『紅の豚』の主要登場機体の中でも比較的「実機寄り」なアプローチのしやすい題材と言えるのではないだろうか。

言うまでもないが『紅の豚』はアニメーション作品であり、その機体の描かれ方の違いから、ディテールの解像度にはカットごとに差が存在する。この作品では実機のカーチスR3C-2に加え、映画本編、原作の『飛行艇時代』に描かれたイラストを検証し、機関銃の銃身や機首まわりの形状、ラジエーターの支柱形状、張り線などそれぞれ見栄えのする要素を取捨選択して作品内に可能な限り盛り込んでいる。

珠玉のファインモールド製キットに、さらに手を入れることで再現されたライバル機の勇姿。光り輝くその機体は、ドナルド・カーチスという男の自信の表れのごとくきらめくのである。■

【使用キット】
カーチス R3C-0 非公然水上戦闘機
ファインモールド 1/48
インジェクションプラスチックキット
製作／横浜潤馬

青い閃光となってポルコを襲う 大胆不敵なライバル機

小さな機体に極限まで巨大なエンジンを積んだ、凶暴極まるエアレーサー

エンジンは伸ばしランナーで各部のケーブルを追加。シリンダー上部のモールドを全て削って新しく凸モールドを足した

座席にはジャンクのエッチングパーツからシートベルトを流用。背もたれには軽め穴をピンバイスで開けている

計器板の上の照準器もジャンクのエッチングパーツからの流用。この照準器の形状は映画に準じたものだ

排気管はひとつずつピンバイスで開口し、縁の部分をデザインナイフで削り込んで薄く加工した

機体の各部にはテグスを使って張り線を装着。この張り線には設定が存在しないので、実際のR3C-2を参考にした

金属製のフロートにはパネルラインに沿ってリベットを追加し、プラ板でリブをつけ足している

機関銃の排莢口の位置が前すぎたのでプラ板で埋め、その後にノミなどで穴を開け直す

機銃の銃身はキットのものを切り取り、レジン製の.30口径機銃の銃身を移植してディテールアップ

艶やかな光沢を湛えた機体全体の塗装は何度もクリアー塗料でコートした上から耐水サンドペーパー、コンパウンドで磨くことで再現。ひとつひとつの工程に時間をかけ、乾燥時間をしっかり確保することが非常に重要となる

The Curtiss R3C was an American racing aircraft built in landplane and floatplane form.
It was a single-seat biplane built by the Curtiss Aeroplane and Motor Company.
The R3C-1 was the landplane version and Cyrus Bettis won the Pulitzer Trophy Race in one on 12 October 1925 with a speed of 248.9 mph (406.5 km/h).
The R3C-2 was a twin float seaplane built for the Schneider Trophy race.
In 1925, it took place at Chesapeake Bay in Baltimore, Maryland.
With 232.57 mph (374.274 km/h), pilot Jimmy Doolittle won the trophy with a Curtiss R3C-2.
The other two R3C-2s, piloted by George Cuddihy and Ralph Oftsie, did not reach the finish line.
The next day, with the same plane on a straight course, Doolittle reached 245.7 mph (395.4 km/h), a new world record.
For the next Schneider Trophy, which took place on 13 November 1926, the R3C-2's engine was further improved,
and pilot Christian Franck Schilt won second place with 231.364 mph (372.34 km/h).

1/48 Scale Finemolds Injection plastic kit

CURTISS R3C-0

1 伸ばしランナーを流し込み接着剤で曲げ、エンジンの各部にケーブル類を追加していく

2 胴体は接着する前に追加するパネルラインやリベットの位置を白いペンで書き加えておくと後から混乱しない

3 エンジンには基本塗装を終えた後でエナメルのレッドブラウンで軽く錆びの表現を加えている

4 フロートの支柱を仮組みしてみたところ、支柱のパーツとの間に隙間が空いたので0.3mmのプラ板を貼って埋める

5 機関銃を覆うカバーの排莢口などをプラ板で埋め、耐水サンドペーパーで表面をやすって滑らかにする

6 機関銃の銃身は切ってピンバイスで穴をあけ、レジン製のディテールアップパーツから流用した銃身を取り付ける

7 機首が宮崎氏のイラストと比較して2mmほど短く感じたので1mm厚のプラ板を貼り重ねて接着し延長する

8 貼り重ねたプラ板が硬化したら周囲の余ったプラ板を切り取り、表面を耐水サンドペーパーで削って均していく

9 ラジエーターの支柱を取り付ける穴をプラ板で塞ぎ、硬化後に表面を削って整形する

10 軸として金属線を打ち込んだプラ板とエポキシパテを組み合わせてラジエーターの支柱を作る

11 胴体部分のモールドを全て彫刻した状態。サーフェイサーを吹いて彫り直す箇所がないかどうか確認する

12 機体全体にブルーを吹き付け、さらにその上からツヤありのクリアーを吹く。その後約24時間は触らず乾燥させる

13 表面を耐水サンドペーパーやコンパウンドで磨いて平滑にし、さらに上からクリアーを吹いて層状にしてゆく

14 各部を組み立てた後にハセガワのコーティングポリマーで表面を磨き、最終的なツヤの調整をする

的確に工作のポイントを絞り
架空の機体に実機らしい存在感を盛り込む

　作品自体が宮崎氏の"妄想"であることも手伝って、架空の機体が数多く登場する『飛行艇時代』/『紅の豚』。しかし主人公ポルコと激しい戦いを演じるライバル、ドナルド・カーチスが乗るカーチスR3C-0には明確なモデルであるカーチスR3C-2という機体が実在する。この機体の模型を製作する場合、実際の機体の資料をそのまま流用することができるのだ。

　ファインモールドから発売されているカーチスR3C-0のキットは非常に出来がよくそのまま組んでも申し分のない内容だが、本作ではこの「実際のカーチスR3C-2」そして宮崎氏が『飛行艇時代』と『紅の豚』で描いた機体のディテールを盛り込み、さらに完成度の高い作品を目指しているのだ。

　具体的に手を加えた部分はおよそ7箇所。内訳は胴体のパネルライン追加、機関銃周りのディテール追加、各部の張り線、ラジエーター支柱の作り直し、エンジンのディテールアップ、フロートのディテールアップ、そして機体全体のグロス塗装である。このうち胴体のパネルラインや機銃のディテール、ラジエーターの支柱（元のカーチスR3C-2にはあの位置にラジエーターがついていない）は宮崎氏のイラストを参考に製作し、張り線やフロートの部分は実物の機体を参考にした部分である。フロートや胴体のパネルの継ぎ目には通常の飛行機模型を製作するのと同等のリベット表現を追加し、省略されているリブは細切りにしたプラ板を接着。ラジエーターの支柱はキットのものを削り落として新たにプラ板で作り直すなど、素材、工程ともに様々な手法を使うこととなった。

　そして、作品全体の見栄えに大きく関わるのが機体全体のグロス塗装だ。この作品では一度クリアー塗料を全体に吹いた後に完全に乾燥させ、目の細かい耐水サンドペーパーで表面を滑らかにし、そしてまたクリアーを吹いてサンドペーパーやコンパウンドで磨く、といった工程を繰り返している。最終的にコーティングポリマーで磨くまでに全体に4層程度のクリアーを吹くことで、アドリア海を飛んだ悪漢の愛機は眩い輝きを得たのである。■

空賊マンマユート団 "ダボハゼ号"

悪役ながらそのユーモラスさが持ち味の空賊マンマユート団
彼らが乗る大型戦闘飛行艇がダボハゼ号である
宮崎氏ならではの「大人数が乗り込んで飛ぶ大型飛行機械」の楽しさに満ち
また劇中の序盤では客船を襲う大活躍を見せたこの機体も
『飛行艇時代』や『紅の豚』においては欠かすことのできない存在であるのは間違いない
オリジナルの機体なので当然ながらキットが存在しないこの飛行艇を
フルスクラッチビルドで製作したのが本作である
"飛行する船"の威容を存分に味わってほしい

ダボハゼ
1/72 フルスクラッチビルド
製作 松本州平
1/72 Dabohaze
Full-scratch build
Modeled by Syu-hei Matsumoto

空賊マンマユート団"ダボハゼ号"

強盗に誘拐と大戦間のアドリア海をところ狭しと暴れ回り、
その悪名を轟かせる空賊マンマユート団。
しかしどこか憎めない彼らが操るのは、
戦闘用の大型飛行艇ながらやはりどこかのんびりとした、
丸みを帯びた機体である。
まるで大戦間に隆盛を極め、その後姿を消してしまった
大型旅客飛行艇を思わせるような
特異なフォルムのこの機体で、
今日も空飛ぶ海賊団はその「仕事」に励むのだ

"空飛ぶ海賊船"の主翼には
今日もドクロが笑う

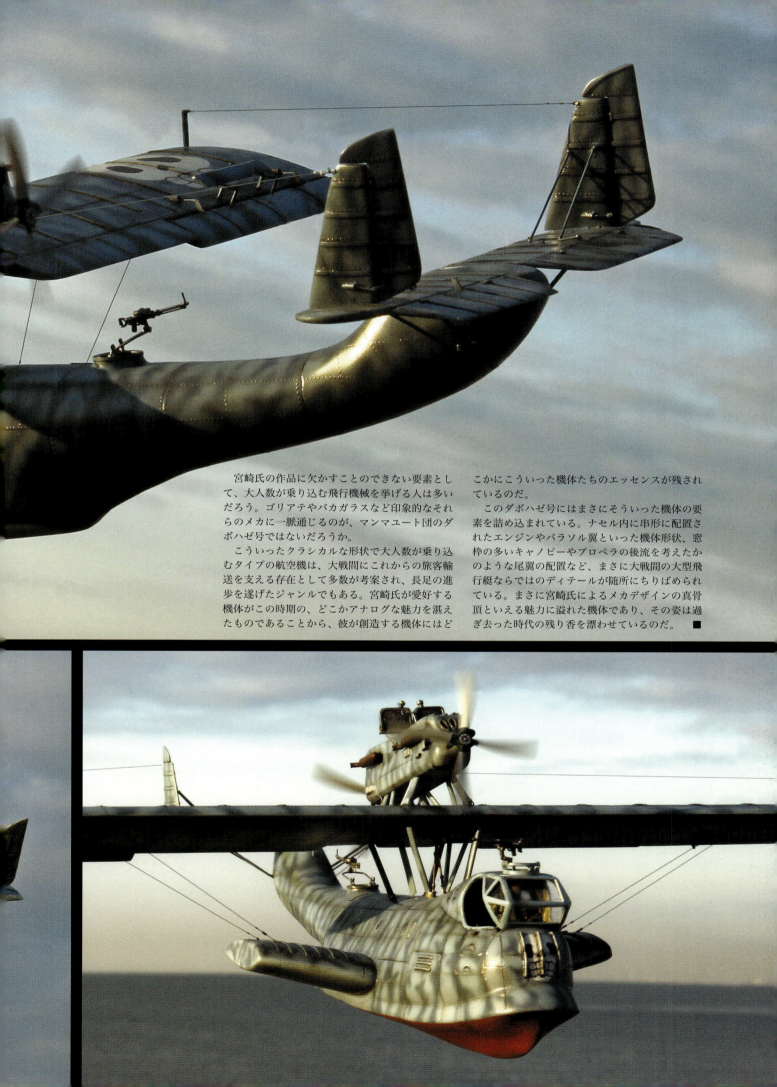

　宮崎氏の作品に欠かすことのできない要素として、大人数が乗り込む飛行機械を挙げる人は多いだろう。ゴリアテやバカガラスなど印象的なそれらのメカに一脈通じるのが、マンマユート団のダボハゼ号ではないだろうか。
　こういったクラシカルな形状で大人数が乗り込むタイプの航空機は、大戦間にこれからの旅客輸送を支える存在として多数が考案され、長足の進歩を遂げたジャンルでもある。宮崎氏が愛好する機体がこの時期の、どこかアナログな魅力を湛えたものであることから、彼が創造する機体にはどこかにこういった機体たちのエッセンスが残されているのだ。
　このダボハゼ号にはまさにそういった機体の要素を詰め込まれている。ナセル内に串形に配置されたエンジンやパラソル翼といった機体形状、窓枠の多いキャノピーやプロペラの後流を考えたかのような尾翼の配置など、まさに大戦間の大型飛行艇ならではのディテールが随所にちりばめられている。まさに宮崎氏によるメカデザインの真骨頂といえる魅力に溢れた機体であり、その姿は過ぎ去った時代の残り香を漂わせているのだ。■

コクピットにはドルニエ J.2 のパーツを多数流用したが、計器板はメッサーシュミット Bf110 のものを使っている

各部の銃は様々なキットから流用している。また、銃座のマウントはプラ板などで自作した

エンジンナセルはドルニエ ワールのものを前後につなげ、プラ板を貼って形状を変更した

ラジエーターはプラ材を組み合わせ、パイプ類は真ちゅう線で追加。前面にはハセガワのエッチング製メッシュを貼った

コクピットにはドルニエ J.2 のパーツを多数流用したが、計器板はメッサーシュミット Bf110 のものを使っている

胴体中央の銃座に配置されたルイス機関銃もプラ材と真ちゅう線で自作。機銃用ステーも真ちゅう線を使っている

主翼に描かれた巨大なドクロのマークは先に白を吹いておき、その上からドクロ型にマスキングすることで描いた

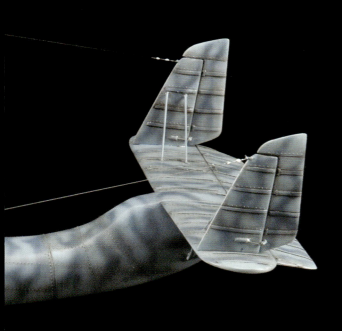

劇中の描写と同僚、操縦席の後ろには一段高くなった座席が設けられている

フィギュアはジャンクパーツを組んだ上からポリエステルパテを盛り、硬化後に削り込んで製作

エンジンと胴体との間の支柱は上下の部品に穴をあけて直接固定。金色の部分は燃料パイプだ

機体脇のフロートはドルニエ ワールのものを流用。見栄えを考えかなり急角度で取り付けられている

キャノピーも胴体同様ヒートプレスで製作したが、この部分は窓枠とガラス部分を別で成型し、組み立て時に組み合わせる方法をとっている

胴体全体はポリエステルパテで作った原型にプラ板をヒートプレスして作ったもの。主翼はドルニエ ワールのものをベースにし、垂直尾翼と胴体の底面の部品は九七式大艇から流用している

1/72 Scale Full-scratch build

Dabohaze

Airborne lirates Mmma Aiuto gang

1 バルサ材とプラ板を積層して胴体の原型の芯を製作。後で分割することを考え中心部分の接着は軽めにしておく

2 原型の芯にポリエステルパテを盛りつけ、ダボハゼ号の艇体の形状を大まかに形作っていく

3 紙ヤスリ（180番程度の粗いもの）で表面を整形し、軽く接着した中心部分で左右に大きく分割する

4 機体全体を一気にヒートプレスすることはできないため、左右に割った原型をさらに細かく4分割する

5 ヒートプレスしてできた機体外板の素材をつなぎ合わせ、内部にプラ板で補強を入れる

6 キャノピーも原型を作り、透明プラ板をヒートプレスして製作。窓枠も型を用意して成型し、別部品としてある

7 機体各部にパネルラインを彫刻する。ガイドとしてマスキングテープを貼り、ナイフでなぞるように彫り込む

8 ドルニエ ワールのフロートは端の部分を8mmほどプラ板で延長。機体に仮止めしてバランスを見る

9 尾翼は流用パーツを芯に動翼部分を自作し、短冊状のプラ板を等間隔に貼り付けてディテールを入れた

10 主翼と胴体に真ちゅう線を差し込んで仮固定し、主翼の取り付け位置と支柱の長さを調整する

11 エンジンナセルはドルニエ ワールのものをプラ板で前後に接着。黄色い部分はポリエステルパテで整形した箇所

12 エンジン上のラジエーターはプラ材を組んだ上から金属線、ハセガワのエッチングメッシュでディテールを入れる

13 全体に銀色のサーフェイサーを吹き付けた後にリベットラインに沿ってダークバイオレットを細吹きする

14 マンマユート団のフィギュアはジャンクパーツを組み合わせた上からパテを盛り、ナイフで削り出して製作している

劇中の描写を元に各部パーツを自作し マンマユートの大型戦闘飛行艇を具現化する

所々のディテールは大戦間に飛んでいた大型飛行艇を思わせるものでありながら、全体としては宮崎氏独特の曲線に満ち、どの飛行機にも似ていないフォルムとなっているダボハゼ号。残念ながらキット化されていない機体でもあるので、本作では使える部品は既存のキットから流用しつつ全体のパーツをフルスクラッチビルドすることとなった。

製作はまず全体の機体サイズを割り出す工程からスタート。ダボハゼ号には詳細な設定などはないので、1/72スケールのドルニエ ワールのキットの主翼を基準に劇中の描写からおよその全長を割り出した。

その割り出した全長を元にして胴体パーツを製作する。まずプラ板を積層したものの上にポリエステルパテを盛りつけ、表面をサンドペーパーで磨いたもので原型を製作するところからスタート。この原型を左右に大きく分割し、さらに部分ごとに分解。この原型に熱したプラ板を押しつけるヒートプレスという手法で機体外形を作っていった。

垂直尾翼と機体本体の底面は九七式大艇、プロペラはヴィッカース ヴィミーからそれぞれ流用。主翼、尾翼ともにプラ板を細切りにしたものを貼り付けてリブを追加し、パネルラインのスジ彫りやリベットのモールドなども全て彫り込んでいくのでディテール自体は元のパーツとはほぼ別物になっている。

機体内部のコクピットや各部の機銃、主翼の支柱やラジエーターなどのディテールはプラ材や金属線、さらに使えるジャンクパーツなどで作成。エンジンナセルはドルニエ ワールのものをプラ板で前後につなぎ、表面をサンドペーパーで均した後にナセルの上面にプラ板でリブを貼って形状に統一感を出している。また、ベンチシート型のエルロンを含めて各部の動翼は全てプラ材からの自作である。

塗装は『飛行艇時代』第1回に登場した際のイメージから、ブルーグレーの濃淡2色での網状の迷彩で製作。リベットラインごとにダークバイオレットを吹き付けてから塗装することでより立体感を強調した。各種の素材と技術を総動員した、まさに珠玉の作品がこのダボハゼ号なのである。■

Extra contents 3

「空の豪華客船」であるドルニエDo X。この作品はドイツレベルの1/144キットである。1/144でも完成すると相当に大きいので、その威容には驚かされる。このキットは元々日本の模型メーカーであるオオタキが発売していたものだが、現在金型を管理しているのはドイツレベルのようだ。本作では艇体の底の部分をドイツレベルの塗装指示に従い赤色で塗装しているが、この部分は初期は黒に近いグレーで塗装されていたという説もある

"ダボハゼ号"のモデルとなった、ドイツの飛行艇

ダボハゼ号のような大型飛行艇は
大戦間に大きく発達した分野の航空機だった
特にドイツ製の大型飛行艇は
ディテール的にもダボハゼ号につながる部分が多い
ここではそんな大型飛行艇たちの姿を紹介しよう

▼ドルニエ Do-A リベレ CH70 1921年
ドルニエ博士がドルニエ社を創設して最初に設計した飛行艇。すでにエンジンが主翼上に搭載され胴体両脇にスポンサーがある。Do-Aはスポーツ機として人気となり多数生産され水陸両用タイプまで作られた

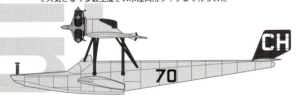

▼ドルニエ Do-J ワール D-2069 1921年
1922年に初飛行したDo-Jはワールと名付けられ、大きさが当時としてはちょうど良かったせいか民間機としても軍用機としても重宝された。イタリアやスペインでも生産され、日本でも3機製作されている

▼ドルニエ Do-X1 D-1929 1930年
エンジン出力が足りなかったためDo-X1の海上での飛行は海面効果を利用した超低空飛行であったという。7ヶ月かけてアメリカに到着したあとアメリカに9ヶ月滞在していたが帰りはわずか6日で大西洋を横断した

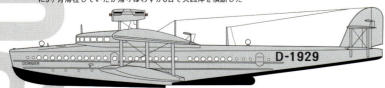

【使用キット】
ドルニエ Do X
ドイツレベル 1/144
インジェクションプラスチックキット
製作／和田 拓

　空賊連合の飛行艇にはモデル機とおぼしき機体が存在する。しかしさすがはリーダー格であるマンマユート団、彼らの乗機ダボハゼはオリジナル機体だ。とはいえ、モデル機体がないわけではない。ダボハゼに最も近いのは、ドイツ、ドルニエ社のDo.Jワール（ドイツ語でクジラ）のようだ。エンジン配置や機体下部のフロート、翼の形などはかなり似ている。この辺はドルニエ初期のDo.Aリベレにも共通している。しかしなんといっても特徴的な、そりあがったような機体後部から尾翼にかけての形は索敵・哨戒など軍事用に作られたDo.24にそっくりだ。優れた水上機設計で名を馳せたドルニエ社は、貨物用の大型水上機を得意としていた。当時、それほどパワーが無いエンジンで大型の貨物機を飛ばすには長大な滑走路を必要としたので、陸上機よりも水上機の方が有利であった。アジトとなる島が多くて浪が穏やかなアドリア海で暴れる空賊にはぴったりの機体なのだ。最終的にドルニエ社は乗客100名を乗せて大西洋を横断できる超大型水上機Do.Xを開発している。外見はダボハゼに似ているが、こちらはエンジン6発の怪物だ。（文／宮永忠将）

作図・解説／HMM二宮茂樹

The Schneider Trophy

シュナイダー・トロフィー・レースの機体たち

かつて、「地上で最も速い乗り物」がフロート付の水上機だった時代があった
極限まで切り詰めた機体に巨大なエンジンを乗せ
国家の威信をかけて速度競技に挑んだこれらの機体たちは今や伝説の存在と言えるだろう
その頂点ともいえるのが、大戦間に開催された世界的な水上機専門速度レース
シュナイダートロフィーに参戦した機体だ
『飛行艇時代』そして『紅の豚』にはこのレースに登場した機体もいくつか登場する
ここでは、これらの機体のうちイタリアを代表する2機の姿を浮き彫りにする

1931年の第13回シュナイダートロフィーレースで英国に三回連続の優勝をもたらし、見事にシュナイダートロフィーを射止めた機体、スーパーマリン S.6B。後にスピットファイアを設計するレジナルド・ミッチェルによる設計を元にした機体で、540km/hを上回る最高速度を記録した。この機体がもたらしたトロフィーは現在もイギリスに保管されている

高速の飛行艇／水上機が国家の威信をかけてしのぎを削り、後の航空技術発達に影響を及ぼしたシュナイダートロフィーレース。大戦間という航空史の特異点において発生し、『飛行艇時代』『紅の豚』の登場機体の元ネタともなった機体も登場したレースは一体いかなるものだったのだろうか

"飛行艇時代"を語る上で外せない シュナイダー・トロフィー・レースとは

　地球上の七割は海洋で占められている。だから世界でもっとも活躍する乗り物は水上機となるだろう——そのような見立てから、1912年にフランスの大富豪ジャック・シュナイダーが創設したのが、水上機によるスピードレース、シュナイダー・トロフィー・レースだ。

　航空機の黎明時代である1910年代から20年代にかけて、航空機の発展と普及を促す目的で多くの航空機のレースが催されている。そんな中でもシュナイダー・トロフィーは別格であった。それは当時の航空機の能力が影響している。この時代、飛行機の向かう先はまだはっきりしていなかった。第一次世界大戦で活躍したのは陸上機であったが、まだまだエンジンが非力であるために滑走距離が長く、大型機を飛ばそうとすると、飛行場などインフラの整備が大変で、平和な時代における旅客や貨物輸送など経済性を考えるといっそう割に合わない。その点、水上機ならば無限に滑走距離が取れるので、将来は水上機が航空機の主流になるという未来像には説得力があったのだ。また、大会会場となる場所がいずれも風光明媚で快適な港湾都市であり、ヨーロッパ上流階級の伝統的な貴族趣味と、航空機というハイテクが融合した、刺激的なイベントとしてのブランド化に成功したことも、他のレースとは一線を画す理由であった。

　レースのルールは、洋上に設置された三箇所のチェックポイント上空を周回しながら、規定の距離の飛行時間を競うというもの。非常にシンプルなルールであるが、当時は飛行機、特にエンジンの信頼性が低く、長時間、高速を維持して飛ばすというだけでも大変であった。現代では、飛行機の性能が上がりすぎてしまっているので、同じようにはできない。たとえばもっともメジャーなエアレースの一つであるレッドブル・エアレースがゲート通過時の機体姿勢や傾きの幅ばかりか、旋回時の上限Gまで細かく規定して、パイロットはもちろん、観客の安全も守っている。しかしシュナイダー・トロフィーの頃は、飛行機を飛ばすだけでも大変だったので、細かすぎるルールを設けても意味がなかったのだ。

　ところが、シンプルなレース規定に反して、レースの開催規模はスケールがでかい。シュナイダー・トロフィーは毎年一回開催されるが、優勝者には1000ポンドのトロフィーが与えられ、またレースに箔を付けるために、開催から3年の間は同額の賞金も出されていた。しかしもっと重要なのは、前年度の優勝者が開催地を指定できることだ。当然、開催国は優勝チームの機体メーカー所在国となるので、メーカー間の競争が、ある種の国家間の代理戦争といった様相を帯びるようになり、観客の熱狂を生んだのだ。加えて、5年間に3度の優勝チームを輩出した国にはトロフィーが永久授与されるという規定もあったことから、回を追うごとに国別の対抗戦の様相が強くなったのがシュナイダー・トロフィーの特徴である。

　第1回大会は1913年4月にモナコで行なわれ、160hpのエンジンを積んだデュペルデュサンとフランス人のモーリス・プレヴォが優勝したが、この時のレースは水上機ショーのアトラクションのひとつに過ぎなかった。第2回は翌年4月、同じくモナコで開催され、この時はイギリスのソッピース・タブロイドが平均時速139.66kmを出して優勝している。今から見ればずいぶん控えめな速度であるが、航空機の黎明期としては大変なチャレンジであった。

　第一次世界大戦でレースは中断するが、早くも終戦の翌年、1919年にはイギリスのボーンマスで復活した。この時は濃霧に祟られて事故が相次ぎ、ゴールできたのはイタリアのSIAI S.13だけであった。しかも故意ではないにせよ、折り返し点を間違っていたことが判明したので、主催者は無効レースとして、次回主催権のみイタリアに与えている。

　第4回の1920年大会はヴェネツィアで行なわ

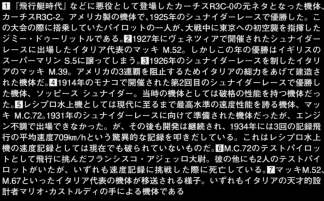
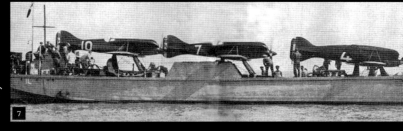

1 『飛行艇時代』などに悪役として登場したカーチスR3C-0の元ネタとなった機体、カーチスR3C-2。アメリカ製の機体で、1925年のシュナイダーレースで優勝した。この大会の際に搭乗していたパイロットの一人が、大戦中に東京への初空襲を指揮したジミー・ドゥーリットルである。**2** 1927年にヴェネツィアで開催されたシュナイダーレースに出場したイタリア代表のマッキ M.52。しかしこの年の優勝はイギリスのスーパーマリン S.5に譲ってしまう。**3** 1926年のシュナイダーレースを制したイタリアのマッキ M.39。アメリカの3連覇を阻止するためイタリアの総力をあげて建造された機体。**4** 1914年のモナコで開催された第2回目のシュナイダーレースで優勝した機体、ソッピース シュナイダー。当時の機体としては破格の性能を持つ機体だった。**5** レシプロ水上機としては現代に至るまで最高水準の速度性能を誇る機体、マッキ M.C.72。1931年のシュナイダーレースに向けて準備されていた機体だったが、エンジン不調で出場できなかった。が、その後も開発は継続され、1934年には3回の記録飛行の平均速度709km/hという驚異的な記録を叩きだしている。これはレシプロ水上機の速度記録としては現在でも破られていないものだ。**6** M.C.72のテストパイロットとして飛行に挑んだフランシスコ・アジェッロ大尉。彼の他にも2人のテストパイロットがいたが、いずれも速度記録に挑戦した際に死亡している。**7** マッキM.52、M.67といったイタリア代表の機体が移送される様子。いずれもイタリアの天才的設計者マリオ・カストルディの手による機体である

れたが、この時はイタリアしか参加できず、ルイジ・ボローニャ操縦のSIAI S.12が優勝。翌年の大会でもマッキ M.7が優勝して、イタリアはトロフィーの永久授与に王手をかけた。ところが第6回のナポリでは、イギリスのスーパーマリン・シーライオンIIが前回の速度記録より40km以上速い時速234.48kmをたたき出して仏伊を押しのけた。翌年のワイト島では初参加のアメリカ、カーチス CR.3が平均時速285.45kmという記録で欧州勢を打ち負かせめまぐるしい展開となった。

1924年のアメリカ、ボルチモア大会は仏伊両国の機体が事故で失われ、イギリスも不参加であったため、大会そのものが翌年に延期となった。この頃には日本でも注目されはじめ、航空雑誌や業界誌はもちろん、子供向け雑誌でも特集されるようになり、航空普及に貢献した。しかしこのような国際的な関心の高まりとともに、ナショナルチームの代理戦争というべき熱狂がはじまり、各国ともレースに特化した専用機の開発に力を入れるようになる。たとえばイギリスでは軍主導でグロスター、ショート・ブリストル、スーパーマリンの三社を競争試作に動員した。またイタリアではムッソリーニ政権が国威発揚のために全面的にバックアップしていた。ポルコのS.21のモデルとなった

マッキ M.33は、1925年大会のために開発された機体である。しかし1925年の優勝はカーチスのR3C-2であった。ドナルド・カーチス乗機のモデルとなった機体だ。この時代の空気が「紅の豚」の重要な下敷きとなっていることがわかるだろう。

1926年のハンプトン・ローズ大会は、アメリカのトロフィーの永久授与がかかった大一番であったが、マッキ M.39がカーチスを抑え、時速396.70kmを記録して雪辱を果たした。しかし翌年のヴェネツィア大会では、満を持して新型機スーパーマリンS.5を投入したイギリスが勝利している。平均速度も時速453.28kmと飛躍した。

航空機の性能向上はシュナイダー・トロフィーの創設目的ではあったが、国威がかかった試合となった結果、専用機開発が複雑になりすぎた弊害を招き、レースは隔年開催となった。1929年のカルショット大会では、本命であった2機のマッキ M.67がなんと2周目で相次いでリタイアし、イギリスの余裕の勝利となった。なんとしてもイギリスの三連覇を阻止して雪辱を果たしたいイタリアは、1931年のカルショット大会に向けて、フィアット AS.6水冷24気筒V型エンジンを搭載したマッキMC.72の開発に邁進するが、なんと、これが大会に間に合わず、

イギリスが巨額を投じて2350hpの怪物エンジンを搭載したスーパーマリンS.6Bが時速547.29kmで優勝する。ついにトロフィーはイギリスのものとなったのだ。

こうしてシュナイダー・トロフィーは幕を下ろしたが、結果として見るにいい頃合いであったかも知れない。レース用水上機の開発費用は高騰する一方で、航空機の発展と普及という当初の目的とレースの実態が乖離していたのに加え、陸上機の性能も向上し、旅客および商業輸送で水上機を押しのけはじめていたからだ。

シュナイダー・トロフィーの歴史は、航空機の重点が、どこかに貴族的な趣味をまとっていた優美な飛行艇から、経済性と性能重視に振れた工業製品としての飛行機に傾いていく過程と一致している。シュナイダー・トロフィーが輝いていたのは約十年あまりの短い期間に過ぎず、水上機の時代も到来しなかった。しかし、懐古的な貴族趣味をおぼろにまとう水上機と最先端ハイテク技術が交差することで生み出された、一瞬の瞬きのような奇跡の時代は、今もヒコーキ野郎の心を魅了し続けているのだ。

（文／宮永忠将）

Macchi M.52R

マッキ M.52R
1/32 フルスクラッチビルド
製作／橋本寿一
1/32 Macchi M.52R
Full-scratch build
Modeled by Jyuichi Hashimoto

ポルコの盟友であるフェラーリンが搭乗した機体として、
鮮烈な印象を残したもうひとつの「紅い飛行艇」。
ビビッドなイタリアンレッドに彩られた美しい流線型の機体は、
過ぎ去りし超高速飛行艇とその設計者たちの時代を思い起こさせる

流麗な機体形状と真紅の塗装を持つ高速機は
水上機王国イタリアの誇りを体現する

マッキ M.52R

　実のところ『紅の豚』でのフェラーリンの乗機について、確たる設定は存在しない。シルエット的にはマッキM.39の系列であることは間違いないのだが、細かいサブタイプではどれにあたるのかが判然としないのである。今回この作例を製作した橋本氏は劇中での機体のコンパクトさと形状から、これをM.52Rであろうと推定。作中に登場した姿を元にこの機体をフルスクラッチビルドで再現することとなった。

　管状ラジエーターが配置されているため極めて複雑なモールドが存在する主翼は、3Dデータを作成の上アクリル樹脂によってこれを出力。樹脂の積層跡を研磨して消すなどの加工を加えた後に使用している。胴体およびフロートはプラ板で枠組みを製作し、その枠組みに1mm厚のプラ板を貼り付けて形を出し、ポリパテを盛ってから削り込んで形を出す方法で形成している。この枠組みの上にプラ板で外板を貼り付けていく方法は内部を中空にすることができることから、完成した機体全体の重量を軽減することに一役買っている。主翼が3Dプリントで形成されたことから実質ムクのため、これは必要適切な工法の選択だったと言えるだろう。

　塗装に関しては、GSIクレオスのサーフェイサー(グレー)を吹いた後、ガイアノーツのホワイトサーフェイサーを塗布。その上からMr.カラーのクールホワイトを吹き付け、乾燥後に同じくMr.カラーのモンザレッドを吹き付けている。研ぎ出しなどは行なわず塗料の光沢を活かした仕上げとしている。

Macchi M.52R
1/32 Scale Full-scratch build

At Venice on 30 March 1928, de Bernardi, flying the lone M.52bis (or M.52R), set a new world speed record of 512.776 kilometres per hour (318.624 mph). De Bernardi thus became both the first person to exceed 300 miles per hour (483 km/h) and the first person to exceed 500 kilometres per hour (310 mph). Although Italy had planned to enter all three of the later Macchi M.67 racing seaplanes in the 1929 Schneider Trophy race, one of them crashed during training. As a substitute, the M.52R was entered alongside the two surviving M.67s to represent Italy in the race, which took place on 7 September 1929. Flown by Warrant Officer Tommasso Dal Molin, it was the only one of the three Italian aircraft to finish, gaining second place with a speed of 457.380 km/h (284.203 mph).

胴体にほとんど埋まっているような形状のコクピット、主翼や機首下面の金色のラジエーターなど、特殊な構造が外部からでも見受けられるM.C.52。非常にモダンなフォルムが印象的だ

プラ板から切り出した胴体の断面形と側面形を組み合わせ、機体全体の骨組みを作る

1

コクピット部分を除き、細切りにした厚さ1mmのプラ板を骨組みの上に貼り付けていって形を出す

2

機首の形状に合わせて三角形に切り出したプラ板を組み合わせ、機首まわりの形状を出していく

3

機首にはポリエステルパテを盛りつけ、胴体と一緒に紙ヤスリで研磨して滑らかな形状にする

4

フロートも胴体と同様に側面、断面の形状を写したプラ板を組み合わせて骨組みを作り、プラ板を貼り付けていく

5

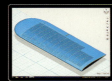
同じディテールが多数連続する主翼は3Dデータを作成。3Dプリンターによる出力を発注して立体化した

6

プラ板で支柱を製作し、バラバラに作っておいた胴体、主翼、フロートなどの要素を全て組み合わせる

7

アナログとデジタルを使い分け、高速飛行艇の精悍な姿に挑む

　キットが存在しないM.52Rと、オールドスクールなキットしか存在しないMC.72。イタリアを代表する高速飛行艇であるこの2機を製作しようと考えた場合、最大のネックになるのは機体表面にある管状ラジエーターの再現であった。今回橋本氏によって製作された2機ではこのラジエーター部分を製作するのにそれぞれ異なるアプローチを行なっている。

　M.52Rでは左のページで述べているように、主翼全体の3DCGデータを作成、そのデータを業者に持ち込んでアクリル樹脂で出力してもらったものを使用している。またMC.72ではドローイング用ソフトで作成したラジエーターまわりの画像データでインレタを作り起こし、それを各部に貼り付けることで再現。主翼のような平らな面はそのままインレタを貼り付けて転写することができたが、フロートのような曲面がある部分は一度透明のデカールにインレタを転写した後にそれを切り抜いて貼り付けるというプロセスでラジエーターを再現している。

　このようにデジタルでのディテール再現方法を駆使しているこの2機だが、一方でアナログな製作技法も充分に使われている。フルスクラッチビルドとなったM.52Rでは胴体を骨組みから自作し、そこに1mmプラ板で外板を貼り付けて機体形状を作るというオーソドックスな方法がとられ、MC.72でもスジ彫りの彫り直しやプラ板による主翼と胴体の隙間の充填などは普通の飛行機模型製作と同じ方法がとられている。要は適材適所ということであり、それらの技法を部分ごとに使い分けることで高速飛行艇の引き締まったフォルムを作り上げているのである。

　最後に塗装に関してだが、どちらもGSIクレオスのサーフェイサー（グレー）を吹いた上にガイアノーツのホワイトサーフェイサーを吹き、ラジエーターのゴールド部分などを塗り分けた後にMr.カラーのモンザレッドを吹き付けて仕上げている。比較的シンプルな塗装工程だが、流線型の機体形状には充分映える仕上げとなっている。　■

マリオ・カストルディが行き着いた
水上機レーサーの最高峰 マッキ M.C.72

　レシプロ水上機として今もって最高の速度を誇る機体がマッキM.C.72である。1926年以来シュナイダーレースでの優勝を逃していたイタリアのアエルマッキがその雪辱を果たすために設計技師マリオ・カストルディを招いて作り上げた、双フロートと二重反転プロペラを備え、金属と木製モノコックを組み合わせた単葉水上機である。

　この機体は1931年のシュナイダーレースに向けて組み立てられたが、エンジン不調のため出場を逃す。しかしムッソリーニの意思により、国家からの投資を受ける形で開発は続行。2基のエンジンをタンデム結合した改造エンジンと過給器を用い、当時としては破格の馬力を引き出すことに成功する。しかし記録に挑戦したテストパイロット2名の犠牲も伴い、また幾度もの機械的トラブルにも悩まされた。

　そして1933年4月にイタリア北部で記録試験に挑んだM.C.72は682km/hの速度記録を樹立。シュナイダーレースには間に合わなかったが、M.C.72はついに所与の目標を達することができたのである。同年10月には700km/hを上回る速度を記録。この時の記録は1939年に2基のドイツ機によって破られたが、レシプロ水上機の速度としては現在に至るまで最速のものであり続けている。■

【使用キット】
マッキ MC.72
セマー 1/48
インジェクションプラスチックキット
製作/橋本寿一

1/48 Scale SMER Injection plastic kit

Macchi MC.72

主翼の上面の金色の部分はエンジン冷却用の管状ラジエーターが設置されている箇所なのだ

第一次大戦以前は存在しなかった軍用航空機だが、数年の内に長足の進歩を遂げ、1918年ごろには多発の大型飛行艇が飛行するまでに進化していた。この写真の、フェリックストゥF.2aもそのうちの一機である。この機体の源流は1916年にアメリカのカーチス社が開発したH-12飛行艇。当時北海で猛威を振るっていたドイツのUボートに対策を打つため、またドイツに差をつけられていた飛行艇の開発経験のギャップを埋めるためにイギリス海軍がこのH-12を導入したのである。

この運用実績を元にして、イギリスのフェリックストゥ海軍工廠がカーチス社と共同開発した機体がフェリックストゥF.2aだ。H-12の離水性能を高め、エンジンを強化したこの機体は、爆弾の搭載能力も活かしてUボートの哨戒任務に従事した。

上、および左写真の作品はどちらもローデン社によるフェリックストゥF.2aの1/72キットを組み立てたもの。当時の大型飛行艇は機体の各部に無数の張り線が張られており、組み上げた後の姿はさながら帆船模型のごとき複雑さを纏うこととなる。また、紅い渦巻き模様の塗装は実際に実戦参加した機体にも塗られていたもの。こういった派手な塗装パターンも、第一次大戦機の大きな魅力だ

第一次世界大戦時の飛行艇たち
Flying Boats in The First World War

ライトフライヤー号が人類初の動力飛行に成功したのは1903年、それから約十年後に勃発した第一次世界大戦において、航空機は長足の進歩を遂げた。しかし、この戦争における航空戦力の中心は、陸上機であった。

ところが戦争が進展するにつれ、水上機もまた陸上戦闘機や爆撃機に並ぶようになる。なぜなら陸上機の性能が向上したことで渡洋攻撃が可能になり、海岸線の多い地域では洋上偵察や哨戒が欠かせなくなったからだ。特に水上機が活躍したのはヨーロッパの南北にある北海と地中海であった。とりわけ地中海ではアドリア海が焦点になっている。それは細長いアドリア海を挟んで、イタリアとオーストリア＝ハンガリー帝国が対峙していたからだ。

ちなみに、本稿では一般的に水上運用する航空機全般を水上機、なかでも胴体で着水する構造の機体を飛行艇として区別する。

水上機開発の父としてよく知られているのが、ウィーン生まれのヤコブ・ローナーである。彼は1914年に世界初の飛行艇を開発したが、以降、ローナーのデザインがこの種の機体のひな形となった。最初にオーストリア軍に導入されたのがローナーEで、約40機が生産されたが、これは後に強力なエンジンに積み替えたロングセラーのローナーLとなり、1916年までに108機が生産された。

水上機は滑走路などのインフラを必要としないことから急速な発展を見たが、理由はそれだけではない。というのも、同じ頃にイタリアが整備に邁進していた飛行艇に対抗する必要があったからだ。主役となったのはマッキ社で、1915年にはローナーLをコピーしたマッキL.1を完成し、その生産数は140機に達していた。マッキに刺激されて、フランスもF.B.A.C飛行艇を大量に製造して、自国はもちろん、ロシアやイタリアに輸出するほどであった。イタリアもこれをH型として導入し、982機もライセンス生産している。

当初、水上機の用途は偵察と潜水艦に備えた哨戒が中心であったが、ドイツやオーストリアなど同盟国側では戦闘機型の開発に躍起になっていた。1916年に導入されたハンザ・ブランデンブルクのKDW水上機はもっとも成功した機体の一つで、北海及びアドリア海で水上機基地の防空に活躍した。設計者はエルンスト・ハインケルで、戦闘機にフロートを据えて機体の素性の良さを活かしたのである。生産数は60機であるが、製造中に随時エンジンが強化されている。

1916年夏に登場したランプラー6B.1も、戦闘機から流用された複葉水上機である。これは間もなく、翼面積を拡大して、機体構造も強化した6B.2に切り替えられる。この機体は北海および黒海での任務に使われ、アドリア海にはもう少し小型のハンザ・ブランデンブルクCCが提案されていた。こちらも設計はハインケルであったが、オーストリアのフェニックス社でA型としてライセンス生産された。CCの性能はイタリアで使用されたニューポールIに匹敵したので、アドリア海の港湾防衛に有益であった。

1917年になると、ふたたびハインケル博士設計のハンザ・ブランデンブルクW.12が登場する。背後からの敵戦闘機の攻撃に対抗できる水上戦闘機という要望から作られたもので、複座機をベースに、後部の偵察員席の背後に機銃を置いた。W.12の生産数は145機で、1917年4月から前線に送られた。W.12は敵から高く評価され、改良型のW.19も開発されている。

この頃になると、英仏など連合国でも水上戦闘機の見直しがはじまり、小型水戦のソッピース・ベイビーが生産された。これは1914年にシュナイダー・トロフィーを獲得したソッピース・タブロイドの改良版であり、最終的には457機がイギリスの沿岸防衛や水上機母艦で使用され、各地で引っ張りだことなっ

1 オーストリアの飛行艇、ローナーL。ウイングスの1/72のバキュームフォームキットを組み立てたものだ。この機体を捕獲したイタリアはこれを元にマッキL.1戦闘飛行艇を開発している。**2** ドイツ製の水上機、アルバトロスW.Ⅳ。ローデンの1/72キットである。アルバトロスは元々陸上機だったが、フロートをつけて水上機に転用された。このような試みも第一次大戦中には行なわれている。**3** 同じくドイツのハンザ・ブランデンブルグW.12。1/48のバキュームフォームキットとスクラッチビルドした部品を組み合わせた一作だ。非常に高性能な水上機で、ドーバー海峡を挟んでのイギリス軍との戦闘では敵機を圧倒。後にこの機体の主翼を1枚にしたW.29という機体も開発された。**4** シエラスケールモデルの1/72バキュームフォームキットを組んだフリードリヒスハーフェン FF.33e。海軍の軍艦に搭載された偵察機で、当時としては珍しいラジオ送信機が搭載された機体でもあった

航空機による戦術を各国が模索するなかで生み出された多種多様な水上機／飛行艇。
それらの機体は当初は偵察に用いられたが次第に活躍の幅を広げ、
ついには戦闘において一定の役割を担うまでになる。
その実像は、どのようなものだったのだろうか

た。イギリス海峡はもちろんエジプトやパレスティナでも使われたのは、使い勝手が良くて耐久性に優れ、インフラが未熟な港湾でも使いやすかったからだ。イタリアもこれを重宝して、アンサルド社がライセンス権を得ている。

また同じ頃に、イギリスでは水上機母艦の運用技術が進歩し、偵察距離を伸ばすため、エンジンを複数搭載した大型水上機が実用段階に入っていた。1917年には最初の母艦機であるフェアリー・カンパニアが登場する。大西洋航路で活躍していた客船カンパニアが海軍に徴用されて水上機母艦となったことにちなんだ命名であり、総生産数62機で1919年まで運用された。

フェリクストゥF.2Aは画期的な複葉双発の大型飛行艇であった。原型機となったのはカーチスのH-12で、実に1930年代までイギリス海軍の水上機として活躍している。フェリクストゥF.2Aは1917年11月から170機が導入されて、北海での哨戒活動に多大な貢献をした。潜水艦や、ツェペリン飛行船の駆逐に一役買ったのだ。

この頃になると、水上機用の練習機も必要となる。連合国ではアメリカのカーチスN-9が広く使われた。450機が生産され、アメリカ陸海軍の航空学校で1927年まで使用されている。

陸上機の生産においてアメリカの貢献は皆無だが、飛行艇についてはカーチス社が支配的であった。特に北海や大西洋岸での対潜水艦哨戒は、カーチス製の水上機が一手に担っていた感があるが、これは同社が大西洋横断便として水上機の研究を重ねていたことが奏功したのだ。独自に水上機開発をしていたジョン・C・ポーテが海軍に売り込みに成功したH-4飛行艇にアメリカ海軍が興味を示し、15機の契約にこぎ着けたが、これに目を付けたイギリスが、より大型で強力なうえに、武装も充実したH-4改良型の飛行艇を求めた。この答えがカーチスH-12で、ラージアメリカとも呼ばれた。以降、区別のためにH-4はスモールアメリカと呼ばれるようになった。イギリス海軍向けのH-12では、オリジナルのリバティ300hpに替えて、1250hpのロールスロイス・イーグルエンジンを搭載していたが、1917年暮れまでには、さらに武装を強化したH-16がイギリスに導入された。戦争が終わるまでに、イギリス海軍航空隊は15機のH-16を保有し、1921年まで運用している。

一方の小型水上機については、マッキが開発した小型水上機マッキL.1が高性能を発揮していた。1918年にはこの派生型で、最良の水上戦闘機かつ偵察機、マッキM.5とM.9が誕生した。マッキM.5はイゾッタ・フランスキーニV6Bエンジンを採用し、水平・垂直尾翼部が胴体から支柱で持ち上げられている姿が特徴的な高速戦闘飛行艇であった。330機以上生産されたが、速度、機動性ともに同世代の飛行艇の中では頭ひとつ抜きんでており、陸上戦闘機と互角に戦って有用性を証明した。エンジンをイゾッタ・フラスキーニ製250hpに換装し、支柱形状をV字型から並列型に変更した改修バージョンも存在し、ともに終戦まで最前線にあった。アメリカもこれを気に入り、海軍と海兵隊が訓練機として採用し、一時期は実戦にも投入されていた。M.9は、1917年に複座機のM.8から開発された機体であるが、わずかな運用期間で終戦を迎えてしまい、30機のみが1923年まで使われた。

ドイツ最後の水上機がハンザ・ブランデンブルクのW.29で、ハインケルが設計した最高の軍用水上機として知られる。水上機としては例外的な単葉機であったが、複葉機の弱点をすべて凌駕した卓越した性能を示していた。78機が製造されて、主に北海で運用されたが、銃火を交えたイギリスに高く評価された機体であった。（文／宮永忠将）

大戦中のポルコが駆った機体で、鮮やかなマーキングを作り比べる

現在の軍用機の常識からは考えられないほど色鮮やかな機体によって彩られた第一次大戦の空。
その鮮烈な機体塗装は第一次大戦機の模型を製作する上での大きな楽しみのひとつだ。
劇中、「飛行機の墓場」を垣間見たポルコが搭乗していた機体を題材に、バリエーション豊かな塗装色を堪能する

『紅の豚』劇中で最も静謐であった「飛行機の墓場」の一幕。雲海の上を走る一筋の雲が実はすべて飛行機であり、戦死した戦友がゆっくりと上昇してその飛行機の群れに混じっていく一連のシーンは神秘的で、見る者の心に強い印象を残す。この時にポルコが搭乗していたのがここに掲載したマッキM.5である。高性能な単座戦闘飛行艇として知られるこの機体は、美しい曲面とソリッドな直線、そして複葉機らしい繊細さを併せ持った機体でもある。

このマッキM.5にも他の第一次大戦機同様、多種多様なマーキングが存在する。機体の木目が見られるものから色鮮やかな派手なものまでバラエティに富んだその塗装パターンは、同一の機体でありながら作り比べによるコレクションの楽しみを提供してくれる。このページに掲載した作品も、すべて第一次大戦機を得意とするモデラー、山岸氏によるものだ。このように単一の機体をマーキングによって作り比べるというのも、この時代の航空機を楽しむための方法論なのである。■

1/48 Scale Fly Injection plastic kit

Macchi M.5

Macchi M.5 M.13021 263ª Squadriglia, Ensign Duffet, Porto Corsini, Ravenna 1918

【使用キット】
マッキ M.5
フライ 1/48
インジェクションプラスチックキット
製作／山岸勢次

マーキングとして使用したデカールはフランスのPheon Decalsの「Macchi M5 of Italy and the USN in Adriatic」というデカールを使用。3部隊で合計12機のマッキ M.5用マーキングが同梱されているデカールのセットであり、その内でもアメリカ海軍のパイロットが派遣されていた263a戦隊に所属している4機を製作したのがこれらの作例である。上に掲載した機体は艇体の無塗装部分の残り方が比較的イタリア軍で使用されていた機体に近い、言うなれば大人しめな塗装の一機。デカールを貼る前にスミ入れを加えているが、その際にもあえて拭き取り方にムラをつけることで表面の微妙な色合いを再現している

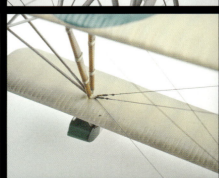

Macchi M.5 M.13089 263ª Squadriglia, Pilot unbekannt, Porto Corsini, Ravenna 1918

白で塗装された機体側面と、リボン状に塗られた機体側面の三色の帯が目を引く一機。胴体側面に描かれたペガサスはこの263a戦隊で統一されたマークとなっており、アメリカ海軍を示す「NAVY」の文字がペガサスの背中部分に書かれている

Macchi M.5 263ª Squadriglia, Ensign G.H. "Shorty" Ludlow, Porto Corsini, Ravenna 1918

こちらは鮮やかな赤と白で塗り分けられた艇体が美しい機体。上で紹介した機体と同じく、こちらの機体もフライのキットでデカールが付属したものがある。Pheon Decalsのデカールは現在入手困難なので、こちらのキットを探すのも手だ

Macchi M.5 M.7293 263ª Squadriglia, Lt. Willis B. Haviland, Porto Corsini, Ravenna 1918

胴体に幾何学的な迷彩パターンが描かれた機体。これは比較的有名な塗装パターンらしく、フライからいくつか発売されているマッキM.5のキットにも同様の塗装パターンのデカールを収録したものが存在する

同一部隊の4機を一度に製作し、「マーキング違いを揃える」楽しみを追求

　1911〜1912年の伊土戦争において、陸軍航空隊によって世界で初めて航空機による爆撃を行なったとされるイタリアの航空戦力。第一次世界大戦中もイタリアの航空機は旺盛な活動を示したが、その中にはアメリカ海軍から渡欧したパイロットが配属された部隊も存在した。ここに作例を掲載した機体が所属した263戦隊もそのひとつである。作者である山岸氏がこれらのマッキM.5を製作したのも、同一部隊であるにも関わらず大きくマーキングが異なるという点に着目してのことだ。実際4機揃った姿を見ても、その多彩さ、それでいてどこか統一がとれている雰囲気には驚かされるものがある。

　フライ製のキットのプロポーションは良好で、複葉機の持つ繊細さと、美しい艇体の形状をよく再現している。そもそもマッキM.5は模型の市場ではそれほど有名な機体というわけでもないため、現状比較的手に入りやすく状態もいいキットが存在するだけでも特筆すべきことだろう。この作例の製作時にはこのキットを4つ用意し、同時に工作を進めることで一気に数を揃えている。

　機体各部の張り線には0.8号のテグスを使用し、ターンバックルとして0.6mm径の真ちゅうパイプに針金で作った真ちゅうパイプを通したものを必要な個数用意した。またエンジンには太さ0.2mmのメッキズ線でプラグコードを付け足している。シートベルトはプラペーパーを使って自作し座席内に配置。また主翼のエッジ部分は削り込んで薄く仕上げている。

　それぞれ機体色が異なるこれらの機体だが、塗装の際には共通して下地にマホガニーを吹き付けている。機体色を塗装する時にはパーツのエッジ部分にそのマホガニーを薄く残すようにしてエアブラシで塗料を吹き付け、キャラクターモデルでよく見られる角の部分にシャドーが残っているような表現を取り入れた。

　かくして鮮やかなマッキM.5が4機揃い踏みとなった。マーキングが異なる同一機体を複数揃えるというのも、またモデラーならではの楽しみであるということをこれらの機体は教えてくれる。■

Extra contents 4

サハラに舞う、もうひとつの紅の翼

宮崎 駿氏とアントノフ AN-2。一見なんの関係もなさそうに見える両者だが、実は因縁浅からぬものがある
1998年3月、パリからモロッコまで、サン＝テグジュペリの辿った航路を飛ぶという取材旅行で
宮崎氏が乗ったのがこの真っ赤なAN-2だった
ホビーボスのキットを題材に、サンテックスを愛する宮崎氏が辿ったサハラの空を夢想する

　アフリカ、西サハラのジュビー岬はサン＝テグジュペリが飛行場長を務めた場所として、そして『星の王子さま』を育んだ場所として名高い。この場所に航空郵便会社の操縦士として赴いていた時の彼は、果たしてどのような風景を見て、どのように空を飛んでいたのだろうか。

　それを確かめるべく、宮崎 駿氏は1998年3月、パリからモロッコまでの航路を実際に飛び、その様子は同年5月にNHK衛星第2で『世界・わが心の旅』と題した番組で放送された。実際に複葉のレシプロ機でサハラに趣き、「サボイア・マルケッティに乗っていた連中の気持ちがわかった！」とのコメントは当時のスケールアヴィエーション誌上にも掲載され、記憶に残っている読者も多いことだろう。

　このアントノフAN-2は、1982年に旧チェコスロバキアでライセンス生産された機体。コールサインである「OK-KIB」はその時に登録されたものであるという。このAN-2は1998年にこの宮崎氏の飛行でも機長を務めた柳田一昭氏他によって購入された。彼は飛行仲間から「紅の豚」と呼ばれる人物であり、それゆえにAN-2も真っ赤に塗られることになったという。このAN-2は宮崎氏たっての願いで日本へ飛ぶこととなり、1998年8月8日にチェコを発ち、リトアニア、モスクワを経由して8月30日には日本に到着、その際にはスタジオジブリからの燃料代のバックアップがあった。機内には燃料タンクの増設が行なわれ、道中予想されるガソリン不足に備えた上で出発。22日間の飛行の末、仙台空港に到着し、各地を巡回した。この機体はその後アメリカに渡り、再び日本にフェリーされたこともあったようだが、グアムで台風により破損。その後はカリフォルニアのチノ空港で翼を外された状態で保存されているようだ。■

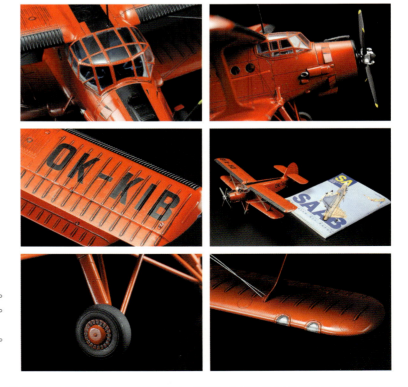

1 2 イタレリ製のAN-2の模型を手に飛行の様子を語る宮崎氏と、愛機を前に同じ模型を持つ機長柳田氏。宮崎氏によればAN-2は実にゆったりと飛ぶ飛行機で、100km/hくらいで走っているトラックをなかなか追い抜けないほどであったという。また、柳田氏の後ろの機体側面には宮崎氏とスタジオジブリがAN-2の日本への飛行を支援したことを示すマーキングが描かれている。**3** 複葉単発機と言えど相応に巨大なAN-2。駐機している時はカウリング下のハッチを開け、ペットボトルや空き缶で垂れてくるオイルを受けておく必要があった。エンジン始動前にはプロペラを手で回し、オイルを潤滑させておく。**4** 『アニメージュスペシャル 宮崎 駿と庵野秀明』には宮崎氏のモロッコへの旅の模様が収録されている。また、庵野秀明氏との対談、宮崎氏と交流のあった美術家である故荒川修作氏とのセッションなどが収録されている

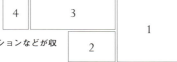

【使用キット】
アントノフ AN-2/AN-2CX コルト
ホビーボス 1/48
インジェクションプラスチックキット
製作／HMM 二宮茂樹

作例ではモールドの強調のため機体全体のパネルラインを0.1mm幅のタガネで彫り直したものの、それ以外のモールドやディテールは良好で、キャビンの内部などもよく再現されているキット。パーツの合いもよく、非常に組み立てやすい内容だ。他の改造箇所としてはカウルの下のオイルクーラーの縁を丸めた点と、機体上面のパーツのうちのいくつかを実物の「OK-KIB」に合わせて接着しなかった点がある。翼間の張り線に使用したのは0.3mmのピアノ線。ピアノ線を接着する際は張り線を取り付ける位置の片側の穴を深めに開けておき、その深さで接着時に調整がきくようにした。プロペラにはミニ四駆のベアリングが仕込んであるため、回転させることができるようになっている。赤い部分はMr.カラーのレッドFS11136で塗装。黒い部分は同じくMr.カラーのセミグロスブラック。塗装後、タミヤエナメルの黒でスミ入れした後にハセガワのコンパウンドで磨いて余分なスミを削り落とすと同時にツヤを出す。モールドに削りカスが詰まることがあるので、全体にハセガワのコーティングポリマーを吹き付け、削りカスを洗い流しつつツヤを出した。機番などは全て自作デカールによる再現だ

アントノフ AN-2/AN-2CX コルト
ホビーボス 1/48
インジェクションプラスチックキット
製作／HMM 二宮茂樹
Antonov AN-2/AN-2CX Colt
HOBBY BOSS 1/48 Injection-plastic kit
Modeled by HMM Shigeki Ninomiya

Extra contents 5

映画『紅の豚』幻のシーンに登場する
サボイアS.21の最終形

映画『紅の豚』にはターボプロップエンジンを搭載し、二重反転プロペラと半開放式風防を備えたサボイア S.21が
ジェット旅客機を追い抜いていくという幻のラストシーンが存在する。
最終的にはカットされてしまったそのシーンに登場する機体を
残された宮崎氏のコメントなどから推測し、立体化を試みた

サボイア S.21F改
ファインモールド 1/48 サボイア S.21F "後期型"
インジェクションプラスチックキット改造
製作／角谷純一

SAVOIA S.21F custom
Modifide from Finemolds 1/48 SAVOIA S.21F
Injection-plastic kit
Modeled by Junichi Sumiya

　1992年5月号の『月刊モデルグラフィックス』に掲載された宮崎氏の談話がある。ここで宮崎氏は「映画の最後に、こいつ（サボイアS.21）がターボプロップエンジンに二重反転プロペラをつけてね、いまだに飛んでいる。それでジェット機を追い越していくっていうカットが出るんですよ（笑）！」と、当時はまだ完全に完成していなかった『紅の豚』のラストシーンの構想を述べているのだ。

　知っての通り、『紅の豚』のラストシーンはこれとは大きく異なる静かなものだ。しかし、航空機を知り尽くした宮崎氏らしい、荒唐無稽ながらツボを押さえたサボイアの改造案、そして現存する2点のスチルから察することのできる機体形状は非常に魅力的である。

　本作はその「サボイアS.21の最終形態」をモデリングしたものである。資料などは皆無のため、各部のディテールは立体化を担当した角谷氏による想像によって補完されることとなった。一番頭を悩ませることとなったのがターボプロップエンジンの排気管の取り回し。ターボプロップはジェットエンジンとほぼ同じ原理で作動するエンジンなので、エンジン後方には高温の排気が吹き出すこととなる。サボイアの機体レイアウト的にはエンジン後方にコクピットがあり、そしてその後ろには垂直尾翼があることから、通常のターボプロップエンジンのようにそのまま後方に排気を吹き出すわけにはいかない。結局本作では現代の単発ターボプロップエンジン搭載機によく見られるような、エンジンナセルのサイドから排気を吹き出す構造とした。

　ターボプロップエンジンは実際にサボイア程度の規模の機体にも数多くの搭載例があるため、設定としての説得力も充分。もし幻のラストシーンが実現していたら、このような機体が銀幕を舞っていたのではないだろうか。■

Extra contents 5

結局実現しなかった『幻のラストシーン』だったが、
そこに込められた宮崎氏の思いは
どのようなものだったのか、
担当編集者として間近で
宮崎氏を見つめてきた吉祥寺怪人氏が
その真意を読み解く

　映画『紅の豚』の幻のラストシーンは、原作単行本『飛行艇時代［増補改訂版］』（小社刊）の64頁に、編集で落とされた2カットがモノクロで掲載されている（徳間書店刊『THE ART OF PORCO ROSSO』にはカラーで掲載）。

　そのうちの1カットからは、マスクにより顔は判別不明だが、ポルコ（マルコ？）と思われるパイロットが改造後の愛機サボイアS.21の半開放式の操縦席（！）で与圧服に身を包んでいることや、またそれまでの同機にはなかった〝ハートにG〟のマークを付けていることがわかり、彼とジーナのその後の関係を暗示させるものとなっている。

　しかし、『スタジオジブリ絵コンテ全集7 紅の豚』、『ロマンアルバム 紅の豚』（徳間書店刊）には同場面の絵コンテが掲載されているが、現存する2カットとは異なり、この段階では無改造のS.21で、

1：まず旅客機と併走
2：客室の窓から見たS.21
3：操縦席で親指を立てる操縦手（「酸素マスクをつけているので顔は判らない」というト書きあり）
4：雲間に降下してゆく真紅の飛行艇

の4カットとなっている。『紅の豚』はその企画時に機内上映する計画があり、このラストシーンはその名残なのではなかろうか。

　このシーンに関する宮崎監督のコメント（前頁参照）は劇場公開2ヶ月前のものだが、そういうことをやってやろうと「いまから楽しみにしてるんですよ。1カットしか出てこないけど」と意気込んでおり、作画の時点でイメージが膨らみ、機体の改造も含めて半ば勢いで描いてしまったと思われる。だが、カット数は半減したがフィルムにまでしたものの、結局は全体を通した流れとの違和感から割愛ということとなったらしい。

　前記した1カットからは「マッキMC.200みたいな半開放式風防」であることはわかるが、旅客機と並走する機体全体が描かれたもう1カットはアオリのうえ小さく、残念ながらターボプロップエンジンの形は判別不能だ。プロペラ周りは同時代のイタリアの水上レーサー、マッキMC.72の二重反転ペラを思い浮かべることができるものの、さてエンジンはどんなものだろうか？　1920年代末の機体に、20世紀末のジェット旅客機に対抗できるエンジンとはいったい……改造型サボイアに込められた宮崎監督の妄想は、いまだに大空のどこかを飛んでいるのである。

　それにしても宮崎監督は開放式風防に潜在的な憧れがあるようで、『風の谷のナウシカ』のガンシップ、『天空の城ラピュタ』のフラップター、『ルパン三世 カリオストロの城』のオートジャイロなどや、最新作『風立ちぬ』でも空飛ぶ主人公（七試艦戦、九試単戦）は開放式だった。風を顔に受け、雲をからだで感じながら進むことこそ宮崎監督にとっての〝飛ぶこと〟なのかもしれない。（文／吉祥寺怪人）

大きく形状が変わったであろうエンジンナセルの形状は1/48 T-4および1/48飛燕の燃料タンクを組み合わせ、表面をパテで均したもので形作った

半開放式キャノピーは自作した型に透明な熱収縮チューブを被せて収縮させ、それを切り抜いて改造したコクピットに取り付けて再現している

【使用キット】
サボイア S.21F "後期型"
ファインモールド 1/48
インジェクションプラスチックキット
製作／角谷純一

イタリア軍のマッキ M.C.200などで見られる半開放式キャノピー。被弾時にパイロットの脱出を容易にし、さらに飛行中の視界をよくする効果を狙っているものである。鹿目晃一郎氏によるこの作品はタミヤ／イタレリ製1/48スケールのM.C.200を製作したもの。イタレリの機体パーツにタミヤ製のフィギュア、エッチングパーツが付属したキットである。エンジンのトルクを打ち消すために右のほうがやや長い主翼や操縦席にかけて大きく盛り上がった胴体、バルジが設けられたエンジンカウルなど、独特な形状を再現。サボイアの最終型の元ネタになったと思しき半開放式風防は片側のサイドパネルを倒して組み立てることも可能だ。風防からよく見えるコクピット内部は操縦席と計器板、サイドパネルを組み合わせて箱状にする構造となっており、各パーツは繊細でディテールの密度は充分。脚収納庫を覗くと鋼管フレームが見える機体構造も再現されている

Extra contents 6

2001年に発売されたクラシックエアフレーム版と2003年に発売されたトランペッター版の二種類の1/48スケールキットが存在するSM.79。こちらの作品はクラシックエアフレーム版で、イタリアのアルファフライト社製ディテールアップパーツを組み込んでいる

SM.79の大きな特徴である魚雷の搭載部分。魚雷とその弾架はすべてアルファフライト製のアフターパーツを使った。魚雷はレジンキャスト製、弾架はエッチングパーツなので、塗装前にプライマーで下地を処理している

『飛行艇時代』続編執筆のためにイタリアの博物館までわざわざ行ってきたよ、というお話

"ポルコロッソ最後の出撃"とその顛末

1936年、スペイン市民戦争が勃発。「この世の中から戦争を絶滅する」という理想を抱いた義勇兵が世界中から集まった。
だがやがて戦闘は双方が残虐行為を繰り返す泥沼の戦いとなった。
「戦争とはそういうものさ」と、ポルコは戦いの局外に止まろうとしていたが、人質にとられたフィオの解放を条件に、
スペイン沖のドイツのポケット戦艦を雷撃するため、SM.79の操縦桿を握ることになった。ポルコ・ロッソ最後の出撃である

映画「紅の豚」の公開後、しばらくたってから、筆者が宮崎監督の訪れると、監督はなんと「飛行艇時代」の続編を描きたいという。今回、ポルコが乗る機体はサボイア・マルケッティSM.79。その日は、ひとしきりSM.79ってどんな飛行機、機内はどうなってるんだという話題に終始。そこで取材できる実機が残っていないかどうか、調べてみると、イタリアに実機が残っているということがわかった。

折から、フランスに取材に行く予定があったので、ついでにイタリアまで行ってみることにした。その博物館あてに取材を願う手紙を英語で書いて送ったが、返事なし。しかし時間もないので、いきなり行ってみることにした。フランスからローマへと赴く時、パリのガレージキットメーカー、アズムットのデジエ・ショメットがイタリアにゆくなら、こんにちわ「ボンジョルノ」と「グラッチェ」を覚えてけって言うので、それだけ覚えてローマへ。

早朝、薄暗いうちにローマ近郊、ブラッチャーノ湖の畔にあるという航空博物館に向かった。ホテルのフロントのおじさんに行き方を聞くと地下鉄に乗って、それからバスに乗れという。ここまでは英語が通じるから良かった。地下鉄を降り、バスターミナルへ。どのバスに乗ればいいかわからないので、運転手の控え室を訪ねて「ボンジョルノ」。博物館の住所を見せてバスを指差してもらい「グラッチェ」。でも切符の買い方がわからない。とりあえず乗ってみたが、今度はどこで降りたらいいか不明。そこでまた近くの席のおっさんに博物館の住所を見せると、いろんなことを言うが一言もわからない。やがてバスが走り出す。時差ぼけで疲れていたので熟睡してしまった。おっさんに起こされる。お前はここで降りろ、と、言ってるらしい。料金払ってないので、運転手のところに行くと、まごまごせずに早く降りろって手振り。仕方ないので降りると、そこは畑のど真ん中。おっさん連中が窓から身を乗り出して、遥か先の方を指差してる。

ローマの街中では、道がわからなくなるたびに「ボンジョルノ」と言って、行き先のメモを見せた。みんな熱心に教えてくれるが一言もわからない。だが、手振りでこの先を右、くらいはわかる。そこで前進して右に曲がって、また別の人にメモを見せるという作戦ですべて押し通してきた。だが畑の真ん中では頼りのイタリア人がいないので、何も聞けず万事休する。

バカと煙は高いところが好きだというが、こういう時も頼りは高いところだ。そこからブラッチャーノ湖を見つければ、その畔にある博物館もすぐだ。手近な丘に向かい、高地から偵察、発見した湖に向かい、湖畔に沿って博物館を探すという、とんでもない遠回りをした。

やっと着いてみれば、博物館の門は鎖で封鎖されている(雨も降ってきたぞ)。やけくそになって門を手でガチャガチャ揺すっていると、中から兵隊が出てきた。言葉はなんにも通じないが紙に名前を書いたら中に入れてくれた。

ようやく博物館に入ると、イタリアの軍人が数人集まっている。英語で話しかけると、全員沈黙。英語がわかるのは土産物店の店主だけだと言われ、売店のおじさんを介して館長に会わせてもらい、あらためて取材を申し込むと、厳しい顔で即座に一言、「インポッシブル」。

あまりのことに絶句していると、気の毒になったのか「ローマにはあと何日いる?」って聞いてきた。そこで「今日まで」というと、居合わせた全員が「おーっ」と嘆声を上げ、館長は「では、ポッシブル」と取材を許可してくれた。見張り兼、撮影手伝いの兵隊も一人つけてくれる。そこで撮影できた写真が右ページものだ。帰りは売店のおじさんが車でバス停まで送ってくれた。イタリアって本当にいい国だ。みんな親切で、融通がきいて。　　(文/梅本 弘)

丘の上からブラッチャーノ湖を発見。ここを下って、湖畔を歩いていればいつかは博物館にたどり着くぞ、という作戦だった

とうとう博物館に到着。ところが門は鎖で封鎖されている。開館時間も休館日も全部、調べてきたのだが、いったいなんてことだ

カプロニ・カンピーニ、世界最初のジェット機である。鯉のぼりみたいな形はまだしも、この風防、周りは見えるのかと心配になる

完璧な姿で保存されているシュナイダーカップに登場するイタリアのレーサー機。ここに写ってないがマッキM.C.72もあった

巨大な輸送機、SM.82。手前のP-51と比べれば、その大きさがわかる。イタリア人は三発機が好きだ。この博物館には三発の飛行艇もある

目当てのSM.79も素晴らしい状態で保存されている。残念なことに、まわりに飛行機がぎっしり置かれているので全容は見にくい

SM.79は機内もきれいな状態だ。コクピットの計器盤も完全な状態で保存されている。こんな狭いところに二人並ぶのは窮屈そう

機体は金属フレームに羽布張り。中を歩くと、通路の板がぎしぎしする。この機体で対空砲火の中、低空から雷撃するのは恐ろしい

おデコについているベルト給弾式の13ミリ機関銃。パイロットが射撃するのであろうが、操縦席には照準器が見当たらなかった

爆撃手席の前にある爆弾投下レバーらしき物。ここに座る爆撃手の足は、外に突き出している金属製の整流カバー（隠顕式）に入れる

梯子を持って、筆者の撮影を手伝ってくれたイタリアの兵隊さん。なんと神聖な昼休みを撮影のために捧げてくれたのである

ブラッチャーノの町。バス停にいた兵隊にローマ行き？って聞くと嬉しそうに「ローマブス」って言う。イタリアでバスはブス

こちらはトランペッター製のキット。特徴的な銃座はカバーを開けた状態に加工。機内のリブや無線機などは全てプラ板や銅線で自作した

後部ドアは開閉選択式。機体内部がよく見えるので、この作品ではドラム缶型で縦に爆弾を収納するの特徴的な爆弾庫などをプラ材で再現

胴体下部のゴンドラ型銃座も窓が多く、内部が見えるので先に機銃周りや機内壁面の装備品を取り付けてから胴体に取り付けている

地中海沿岸から内陸まで、幅広い範囲で運用された機体であるSM.79。特異なフォルムに目が行きがちだが、豊富な迷彩パターンもこの機体の魅力のひとつなのだ

【使用キット】
サボイア・マルケッティ SM.79
スパルヴィエロ
トランペッター＆クラシックエアフレーム 1/48
インジェクションプラスチックキット
製作／柏木崇男

模型製作	WildRiver荒川直人
(順不同・敬称略)	チアキ・バチスタ!!
	杉本 泉
	柏木崇男
	横浜潤馬
	松本州平
	和田 拓
	橋本寿一
	山岸勢次
	横山統一郎
	森川耕司
	T.ARARAGI
	HMM二宮茂樹
	角谷純一
	鹿目晃一郎
記事執筆	宮永忠将
(順不同・敬称略)	吉祥寺怪人

飛行艇時代
ミニチュアワークス
THE GOLDEN AGE OF THE FLYING BOAT MINIATURE WORKS

編集　スケールアヴィエーション編集部

デザイン　海老原剛志

発行日　2016年1月15日　初版第1刷

発行人　小川光二

発行所　株式会社 大日本絵画
　　　　〒101-0054 東京都千代田区神田錦町1丁目7番地
　　　　Tel:03-3294-7861（代表）　Fax:03-3294-7865
　　　　http://www.kaiga.co.jp/

企画・編集　株式会社 アートボックス
　　　　〒101-0054 東京都千代田区神田錦町1丁目7番地
　　　　錦町一丁目ビル4F
　　　　Tel. 03-6820-7000（代表）　Fax. 03-5281-8467
　　　　URL. http://www.modelkasten.com/

印刷　大日本印刷株式会社

製本　株式会社ブロケード

撮影　インタニヤ

協力　スタジオジブリ　ファインモールド　吉祥寺怪人

◎内容に関するお問い合わせ先：03-6820-7000　㈱アートボックス
◎販売に関するお問い合わせ先：03-3294-7861　㈱大日本絵画

Publisher/Dainippon Kaiga Co., Ltd
Kanda Nishiki-cho 1-7, Chiyoda-ku, Tokyo 101-0054 Japan
Phone 03-3294-7861
Dainippon Kaiga URL ; http://www.kaiga.co.jp/
Editor/Artbox Co., Ltd
Nishiki-cho 1-chome bldg., 4th floor, Kanda
Nishiki-cho 1-7, Chiyoda-ku, Tokyo 101-0054 Japan
Phone 03-6820-7000
Artbox URL ; http://www.modelkasten.com/

©1992 二馬力・GNN　©2015大日本絵画
本書掲載の写真、図版および記事等の無断転載を禁じます。
定価はカバーに表示してあります。

ISBN　978-4-499-23173-2